La 4T desde el ámbito municipal: diagnóstico de las políticas públicas y el combate a la pobreza en Irimbo Michoacán.

Ricardo Ruiz Zamudio

Primera edición 2025.

Irimbo Michoacán, México.

Aletheia Consultorías

Ztella Ediciones

Diseño Editorial: Beatriz Zetina Suárez

Diseño de portada: Beatriz Zetina Suárez

ISBN: 979-8864719558

Impreso y hecho en México, 2025.

DEDICATORIA

Cami, Sofi, Zoe, Dylan, mi fuerza.

Betty gracias por creer en mí.

A mis hermanos, también los de otras madres. En espcial a Cabe, gracias por apoyarme siempre.
A todos y cada uno de mis maestros y a todos los maestros del mundo, en especial a los que enseñan sin la necesidad de un salón.

Agradecimiento Especial

Al Senador Raúl Morón Orozco, su equipo político y todas las personas que creen en él y en la unidad de los michoacanos.

"Ninguna de las palabras impresas en los formularios conseguía transmitir el horror de la vida y la muerte de Claire Tyson. La palabra <<pobreza>> no reflejaba un mundo lleno de ratas, suciedad y desesperación"

JHON KATZENBACH "El psicoanalista"

ÍNDICE

I EL TRABAJO DE JOSÉ

No puede haber una sociedad floreciente y feliz cuando la mayor parte de sus miembros son pobres y desdichados.

Adam Smith

Era el día 17 de diciembre del año 2022 y el termómetro marcaba 5 grados centígrados. El frío en esa mañana de diciembre calaba los huesos, quemaba la piel. Afuera en las calles de la tenencia, las bolsas llenas de basura esperaban a que el camión recolector, que acude puntualmente a la cita, se llevara el desperdicio de esa semana. Residuos de todo tipo, pañales, restos de comida, un espejo roto sin empacar, la jeringa con la que alguien había aplicado medicamento intravenoso, todo estaba en la misma bolsa.

José, que tenía que ganarle al camión recolector, husmeaba de pila en pila de basura sacando de entre la pestilente pila de desechos los cartones y botellas para llevarlos a vender. Su ropa estaba hecha jirones y los zapatos tenían más

"

remiendos de los que era posible imaginarse. Sin duda los había sacado de algún montón de basura, al igual que parte de su indumentaria habitual. Cargaba los costales llenos de botellas y cartón en un vehículo de dos llantas, diablito les llaman, que habían comprado con mucho esfuerzo.

Con lo que gana al día de la venta del cartón que recoge de la basura y las botellas que junta, le alcanza apenas para comer y mantener a su familia, su esposa le ayuda en la misma actividad. Ella se va caminando hasta el municipio vecino a recoger los desperdicios para vender, esperan con ansia a que su hijo tenga edad suficiente para que les pueda ayudar y ganar más dinero para poder terminar las bardas de tabique y quitar las lonas que rodean su pequeño cuarto donde habitan.

José no solo es pobre, José vive en una pobreza extrema que tiene a su familia en los huesos, sin educación, sin casa, sin una alimentación completa. Pensar en seguro social, medicinas o una pensión jamás. El día que no salen a trabajar no comen.

Justo como José viven en Irimbo cerca de 13,351 habitantes, según cifras del INEGI (Censo de población y vivienda, 2000) lo que significa que de cada diez habitantes al menos nueve son pobres y que al menos uno de cada cuatro habitantes vive en pobreza extrema teniendo tres o más carencias sociales, tal como José, que tiene las 6 carencias.

Las políticas públicas municipales para reducir los diferentes indicadores que se toman en cuenta para considerar una persona como pobre son nulas, no existen o simplemente los encargados de dirigirlas no tienen la visión o la necesidad de hacer algo porque la gente mejore sus condiciones de vida. Los presidentes, regidores, síndicos y directores atados a los colores de un partido y las decisiones del presidente, el diputado federal o el senador, observan impávidos, si es que lo hacen, hacia afuera del municipio buscando el siguiente cargo, la reelección y en la mayoría de los casos la forma de sustraer de las arcas públicas la mayor cantidad de dinero posible para vivir una vida holgada, mientras la mayoría de los habitantes de esta demarcación, del estado y de todo el país, sufren para vivir día con día.

El presente escrito planea arrojar luz sobre los diferentes indicadores que son considerados por los organismos nacionales e internacionales como elementales para caracterizar una persona en situación de pobreza, pobreza extrema, pobres vulnerables o pobres simples. Además, se permitirá un análisis de los dos únicos partidos que han gobernado el municipio, haciendo énfasis en las políticas públicas que se han diseñado por parte de los servidores públicos para atacar cada uno de los indicadores, así como los resultados obtenidos.

Por último, se realizará una comparativa con los resultados del estado y del país para determinar en qué medida, el estudio longitudinal del municipio repercute en los números del estado y de la nación para considerar en la misma medida la forma en la que desde el órgano municipal se puede mejorar la vida pública del país.

II DEFINICIÓN DE LA POBREZA

El objetivo de arrojar luz sobre algún aspecto del cuales no se tiene tanto conocimiento es, como reza el lema de una universidad, con miras a la transformación de esta realidad, motivo de análisis y en la que las cosas sean mejores para los involucrados. La meta de las investigaciones desde los antiguos filósofos, antes incluso de la manipulación del fuego, desde el intercambio de gestos de los primeros pobladores hasta el envío de sondas al espacio tiene como fin, primero el conocimiento, después la manipulación y por último la transformación del objeto, evento o de la sociedad.

Es posible que, como en el caso de muchas de las sondas enviadas al espacio, los habitantes actuales de este momento en la Tierra no tengamos conocimiento sobre los descubrimientos futuros, cuando después de muchos años los datos sean diferentes y precisos, la humanidad podrá avanzar, perpetuar la especie, crecer, expandir nuestras fronteras, llegar más lejos de los límites conocidos y dejar así un legado para nuestros muy lejanos descendientes. De esta manera se busca arrojar luz, develar el misterio de lo oculto, lo desconocido, lo público, para así, con pleno conocimiento de las causas se puedan sentar las bases de la transformación tan necesaria, tan natural en los seres humanos y sobre todo tan urgente de acuerdo al tema planteado.

De esta manera, la definición de la pobreza, sus causas, consecuencias y la teoría que existe con respecto a ella; la enumeración de las acciones que se han generado por parte de los gobiernos municipales, las formas en las que se ha atacado, si es que se ha hecho, y las propuestas para el futuro son necesarias y dignas de un análisis.

De acuerdo con el Diario Oficial de la Federación se menciona en su capítulo II que:

"La población en situación de pobreza multidimensional será aquella cuyos ingresos sean totalmente insuficientes para adquirir los bienes y servicios que requiere para satisfacer sus necesidades y presente carencia en al menos uno de los siguientes seis indicadores: rezago educativo, acceso a los servicios de salud, acceso a la seguridad social, calidad y espacios de vivienda, servicios básicos en la vivienda y acceso a la alimentación" (Gobierno de México, 2010)

Tomando en cuenta la definición que otorga el Diario Oficial de la Federación se observa que una persona deja de estar en pobreza una vez que satisface los requisitos mencionados, los cuales son indispensables para una vida sin carencias en cada una de las diferentes regiones del municipio y del país.

En palabras más mundanas, si una persona no tiene acceso a una educación en igualdad que los demás miembros de la comunidad, si no tiene acceso a los servicios de salud, si no cuenta con seguridad social, si la vivienda y los servicios en su vivienda no son acordes al nivel mínimo de vida y además carece de lo indispensable para una adecuada alimentación, entonces el individuo se encuentra en situación de pobreza. Cuando uno de los elementos mencionados por el documento analizado está presente en un individuo entonces esta persona es un ciudadano pobre. Cuando además cuenta con tres o más de ellos, entonces la persona se encuentra en pobreza extrema.

De acuerdo con los datos del Banco Mundial se dice que se "considera pobres a las personas que viven con menos de dos dólares al día, mientras que los que viven con menos de 1.25 viven en pobreza extrema", por su parte, para CONEVAL una persona se encuentra en situación de *pobreza moderada* cuando tiene al menos una carencia social (en los seis indicadores de rezago educativo, acceso a servicios de salud, acceso a la seguridad social, calidad y espacios de vivienda, servicios básicos en la vivienda y acceso a la alimentación) y su ingreso es insuficiente para adquirir los bienes y servicios que requiere para satisfacer sus necesidades alimentarias y no alimentarias.

La pobreza extrema se da si la persona tiene tres o más carencias de seis posibles (Ríos Bolívar & Ortiz Galindo, 2013). Analicemos a continuación cada uno de los indicadores y el comportamiento que ha tenido en estos últimos 25 años del nuevo siglo iniciando con los números de la población del municipio de Irimbo Michoacán.

III CRECIMIENTO DE LA POBLACIÓN EN IRIMBO

El Señor Antonio Gómez trabaja la tierra con audacia, dentro de sus cultivos tiene: dos surcos de fresa, diez surcos de maíz, algunas plantas de calabaza, entre otros cultivos. En tiempos de lluvias siembra flores de cempasúchil para vender el día de muertos. Está alojado en la tenencia de San Lorenzo Queréndaro y aunque es una tierra bendecida por la abundancia en tierras fértiles y agua de manantial apta para el riego y la producción de alimentos, la situación de don Antonio en nada ha mejorado. Padre de cinco hijos, dos hombres, tres mujeres y una cantidad que a la fecha supera las dos docenas de nietos, la familia de don Antonio es de las más grandes del pueblo. Su situación y la de su descendencia en nada han cambiado.

Campesino de toda la vida y militante del Partido del Sol ha visto pasar por su comunidad políticos de toda clase. Algunos se han enriquecido de las arcas públicas mientras que otros se han dedicado a vivir la vida mientras duran los trienios de su gestión. Para don Antonio pocos beneficios han llegado. Vive en una casa pequeña a un lado del camino en condiciones de precariedad, cumpliendo con las todas las características para colocarlo a él y a los miembros de su familia dentro del catálogo de pobreza extrema.

Parte de su familia ha tenido que cambiar la residencia de este municipio, la mayoría de sus hijos están actualmente trabajando en el, mal llamado, *país de las oportunidades*, porque la falta de trabajo y las duras condiciones de esta región imposibilita la vida diaria. De los 37 miembros de su familia 21 se encuentran en el extranjero, la gran mayoría emigraron en la última década y hasta el día de hoy no tienen fecha para regresar.

Don Antonio espera el día en que pueda obtener el beneficio de viajar al extranjero y visitar a sus hijos ausentes, así familia por familia el municipio se queda despoblado de habitantes. Si además de eso agregamos datos del segundo informe de gobierno de la administración 2021-2024 donde el actual ayuntamiento presume sus cifras de 806 personas beneficiadas con las citas de pasaporte y trámites de visa (H. Ayuntamiento de Irimbo, 2023) en lugar de preocuparse por la generación de empleos para retener a la población en el municipio, apoya con trámites a las personas para que emigren a otro país. El apoyo no está mal, el error consiste en imaginar que hace un bien al municipio que la gente emigre.

Lo anterior demuestra que la población sí ha crecido, sin embargo, las condiciones de vida, las carencias y sobre todo las políticas sociales implementadas por los gobiernos municipales hacen imposible la vida en esta región. A continuación, más datos. La casa del señor Antonio está constituida por cuartos que se fueron edificando poco a poco, algunos de sus hijos ya tienen techo de concreto, aunque las ventanas sigan siendo las lonas de la última campaña. Un baño compartido por los 16 miembros de la familia hace que los hábitos de higiene sean difíciles de cuidar y las enfermedades estén acechando a la puerta a cada momento.

Así transcurre la vida de una gran cantidad de habitantes de este municipio que de acuerdo con cifras del INEGI (2000), así como de su página de internet, su principal fuente de ingresos es la agricultura, actividad que desempeña la gran mayoría de los miembros de este municipio, seguido de actividades primaria como son la elaboración de materiales de barro o arcilla, y en menor medida actividades de transformación de la madera. Las condiciones de vida en este pequeño pero longevo municipio son las mismas que hace más de 100 años, poco comercio, nulo crecimiento y problemas sociales cada vez más arraigados (Tuirán, 1998).

Las políticas públicas de los dirigentes municipales son las mismas, sin innovación, sin dirección y sin miras a mejorar las condiciones de vida de los tan solo 16,043 habitantes de este municipio michoacano (INEGI, 2020). ¿Y la sociedad? Tal como lo decía Octavio Paz en su laberinto de la soledad cuando hacía referencia a las festividades del 16 de septiembre, "gritan una vez para callar durante todo el año" (Paz, 1984) pues en Irimbo gritan y pelean, se movilizan y aplauden, critican y se molestan, proponen y les interesa la vida pública, pero solo en tiempos de campañas, porque después se olvidan que la democracia es una obligación que debe ejercerse periódicamente y no un simple acto de emitir el voto.

A continuación, se presenta un análisis detallado de las condiciones en las que se encuentra, a la fecha de publicación de este informe, el municipio de Irimbo, y sin pecar de pretenciosos de cómo se encuentra el estado y por consecuencia el país. Se presentan las cifras reales que se manejan los organismos nacionales que realizan mediciones periódicas a los distintos rubros o indicadores que son considerados por parte de los mismos organismos, dependencias o institutos para determinar los porcentajes de pobreza. Los datos a continuación hablan por sí solos.

Uno de los datos en lo que poco inciden las políticas públicas y que, sin embargo, se deja de lado, es el control de la natalidad (Ramírez & Isauro, 2008). La población de Irimbo ha crecido muy poco en los últimos 23 años. De 13, 243 habitantes que había al principio del siglo en el municipio de Irimbo hasta el censo del 2020 (INEGI) se contaba con 16,043 habitantes con un crecimiento en 20 años de 3,200 habitantes teniendo un incremento de 160 habitantes por año. El número de nacimientos por año en Irimbo ha estado por encima del número del incremento de la población, sin embargo, la migración hacia el país del norte hace que la población haya tenido un incremento de tan solo 160 habitantes anual, durante los últimos 20 años.

Gráfica 1   Población en Irimbo

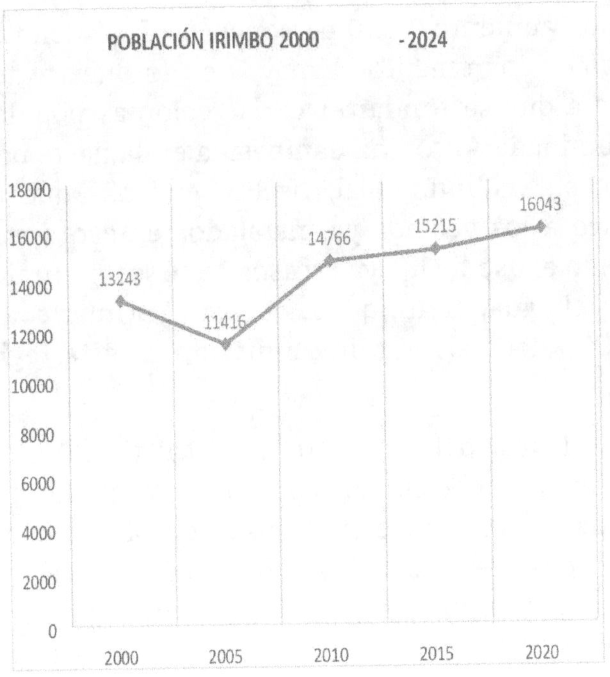

**Fuente elaboración propia con datos de INEGI,
2000,2005,2010, 2015 y 2020.**

La gráfica que se presenta anteriormente demuestra la manera en que se ha comportado la población de este municipio, durante el presente siglo, el crecimiento poblacional. Del año 2000 al año 2005 la población tuvo un decrecimiento de 2827 habitantes mismos que se ven reflejados en los censos poblacionales del INEGI (Censo de Población y Vivienda, 2000). Los motivos han sido diversos desde la muerte natural de los mismos habitantes hasta la migración de las personas al vecino país del norte, el decrecimiento poblacional es un indicador de crecimiento económico, al ser un crecimiento prácticamente nulo de la población.

El crecimiento durante los años 2005 al 2010 (INEGI) la

población aumento 3,350 personas, un fenómeno que dio pie a dicho incremento el mayor en lo que va del siglo se debe a que se fundaron varias colonias populares de la denominada Antorcha Campesina en la parte poniente de la cabecera municipal, hecho que más que ayudar perjudicó a los vecinos ya instalados en este municipio limitando el uso de los ya escasos recursos naturales, uno de ellos el agua, vital líquido que en el primer cuarto del siglo XXI, sigue siendo una limitante en esta región del estado.

Durante el lapso del año 2010 (INEGI) al año 2015 (INEGI) el crecimiento poblacional de acuerdo con cifras de INEGI, los comparativos entre los censos del aún periodo del presidente Felipe Calderón y el priista Enrique Peña Nieto el crecimiento poblacional de este municipio del estado fue apenas de 449 habitantes en 5 años, lo que demuestra que durante este lustro, al igual que los demás indicadores motivo de análisis de este estudio, es prácticamente nulo con un crecimiento de menos de 100 habitantes por año.

Es necesario tomar en cuenta las variables que se mencionan dentro de todo crecimiento poblacional, uno de ellos son los nacimientos, fallecimientos y sobre todo la migración fruto de las pocas condiciones económicas de la región y del país entero. Los últimos cinco años motivo del análisis de esta gráfica es el periodo que abarca del año 2015 (INEGI) al año 2020, fecha del último censo de población y vivienda realizado en nuestro país y que es fuente de las cifras presentadas en la presente gráficas. El crecimiento poblacional durante estos 5 años fue apenas de 810 personas, más que el crecimiento de los primeros 5 años de esta década pasada, quedando la población en un total de 16,043 personas al último censo realizado por el instituto.

El crecimiento poblacional en el municipio de Irimbo Michoacán refleja un poco incremento en este aspecto derivado de las múltiples razones que se puedan enumerar de la falta de oportunidades, el poco o nulo crecimiento económico que, en aras de la verdad, no es exclusiva de este municipio, sino de todo el estado y para no limitarnos, de todo el país (Ramírez & Isauro, 2008).

En conclusión, el crecimiento de la población en el municipio de Irimbo durante el presente siglo, ha sido muy lento, las cifras que vierten las principales instituciones encargadas de realizar los conteos poblacionales advierten sobre el aumento de las tasas de la migración, principal motivo del crecimiento poblacional del municipio. Por otra parte, la falta de empleo y oportunidades que tanto hacen falta en esta pequeña parte del país hace que sostener una familia en un municipio tan pobre como este sea prácticamente imposible, obligando a las personas a buscar mejores condiciones de vida en otro país o en otra región del estado, lo cual impacta de la misma manera en la población de la gente que habita este municipio. Un factor más que contribuye al pobre crecimiento poblacional del municipio.

IV POBREZA POR INGRESOS

Las primeras líneas que se escribieron al inicio de este libro mencionan a José, un joven que existe no solo en Irimbo, sino que en todas partes del país. Existe también el señor que madruga, una señora que se esfuerza en su trabajo o un niño con el estómago vacío que todas las mañanas de la semana se les ve entre los desperdicios de algunas personas, hurgando en la basura con la esperanza de encontrar cartón, PET o algún desperdicio que tenga algo de valor y les permita reunir algo de dinero para cubrir las necesidades de su familia.

La historia, aunque parezca de otro mundo, quizás de una película de las que les encanta grabar a nuestros vecinos del norte, en los países en vías de desarrollo, lamentablemente es real, es una escena que se puede apreciar todas las mañanas desde la salida del sol hasta que pasa el camión recolector de basura. Y los pepenadores y recolectores tienen que anticiparse a su llegada o probablemente no alcancen a obtener el sustento que su familia necesita.

Dentro de este indicador, denominado pobreza por ingresos, hace referencia a la capacidad que tienen las personas para generar recursos económicos para obtener los bienes y servicios que se necesitan en la vida diaria de las personas (Pardo & M, 2007). Es decir que se toma en cuenta la cantidad de dinero que ganan las personas para la elaboración de los informes dentro de los estudios internacionales que se elaboran por parte de los organismos mundiales "utilizan el método de línea de pobreza (LP) que define pobreza comparando el ingreso corriente per capita del hogar con un monto mínimo de éste: la línea de la pobreza (Boltvinik, 1997). La cantidad de personas que día tras día ganan menos de lo necesario para sobrevivir aumenta, los números solo crecen y son cada vez más las personas que ganan menos de lo indispensable. Tal como nuestro personaje José y como todas las personas que se dedican a pepenar en la basura entre muchos otros trabajos, oficios o emprendimientos que aporten poco al sustento económico de quienes lo realizan.

A continuación, se presenta una gráfica que representa a las personas que ganan un ingreso menor a la línea de la pobreza en nuestro municipio.

Gráfica 2

Personas con un ingreso menor a la línea de la pobreza.

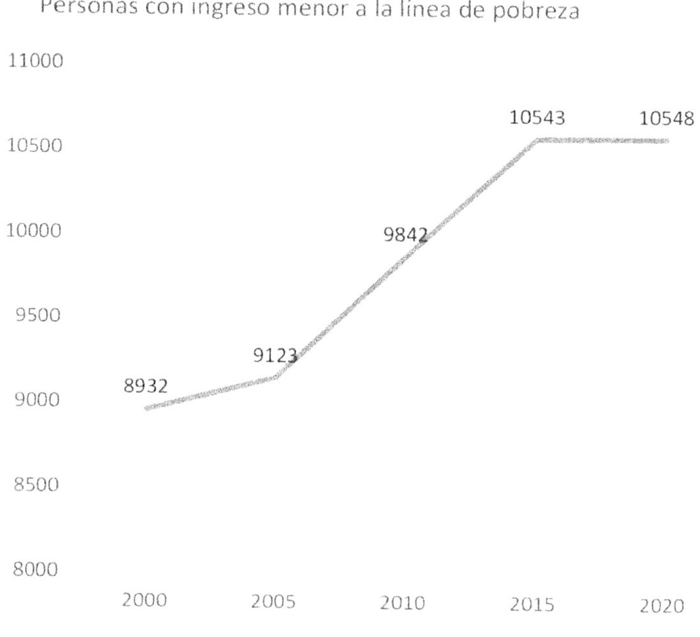

Fuente: elaboración propia con Datos de CONEVAL 2000, 2002, 2004, 2006, 2008, 2010, 2012, 2014, 2016, 2018, 2020.

Si se toma en cuenta que, al inicio del año 2000, época en la que gobernaba el PAN por primera vez en el país de manera casi hegemónica, destrozando al partido tricolor y recibiendo el país después de decisiones tan erradas que la gente estaba sufriendo los desastres financieros y los rescates bancarios.

En el municipio de Irimbo gobernaba el partido tricolor con una mujer que a ojos de los habitantes hizo un trabajo digno de aplaudir. Por esas fechas las personas que tenían ingresos menores a la línea de la pobreza, aunque eran la mayoría, no superaban aun los 9,000 habitantes. La cifra más baja de los casi 25 años objeto de estudio del presente escrito. Pregunto al lector ¿alguno de los 8 ediles que han pasado por el cargo en este siglo conocerán realmente si sus ingresos les alcancen para comer? Sinceramente creo que no.

En el año 2005 época en la que gobernaba el partido del sol por primera vez en el municipio durante el presente siglo, ya antes el Maestro Miguel había sido presidente por el Partido de la Revolución Democrática (PRD), el número de pobres por ingresos en el año 2000 era de 8,932 personas, después de la gestión de la licenciada y el maestro José Luis el número de personas en pobreza por ingresos aumentó en 191 personas durante los años de gobierno de los dos partidos, llegando a 9,123 habitantes.

Lo anterior significa que las políticas públicas de ambos ediles fallaron en este rubro en lo que respecta a la creación de empleos o de oportunidades que permita a sus conciudadanos mejorar sus niveles de vida. Fallaron en ambas tareas de vital importancia tanto que el municipio empeoró su calificación en estos cinco años evitando que las personas tuvieran mejores ingresos. No solo no mantuvieron el indicador en los ya exagerados números que se encontraban, al contrario, permitieron que estos aumentaran a la enorme cantidad de más de 9,000 personas (CONEVAL, 2018). A pesar de la urgencia de virar el barco en dirección contraria las cosas siguieron empeorando, pero no tanto errores como en los demás lustros.

¿Quién fue responsable de tal decisión? ¿Qué gobierno implementó las políticas públicas encaminadas en reducir este indicador? ¿Cuál de los dos gobiernos trabajó en favor de mejorar las condiciones de los irimbenses? Personalmente ambos trabajaron bien, fueron honestos y serviciales, cercanos a la gente, sin embargo, los números en lo que respecta a este indicador arroja resultados negativos, aunque no tan lamentables como a sus predecesores.

Para el año 2010 tiempo que se recopila información nuevamente por parte del INEGI (2010) y del CONEVAL (2010) habían pasado dos gobiernos municipales nuevamente. Regresó a la presidencia municipal el Partido Revolucionario Institucional en el año 2005 y la entregó en el 2008 al ingeniero del partido del sol el cual inició el año con el objetivo de mejorar los indicadores que afectan al municipio.

El primer presidente de este lustro sin más que decir, quedó a deber, los números lo demuestran. El ingeniero de los 4 años de gobierno que, sin faltar a la verdad, es uno de los presidentes mejor recordados por la gente, quizás porque después siguió haciendo carrera política, quizá porque si hizo un buen trabajo, o es posible que fue un buen mago y logró engañar a las personas.

Los números dicen que, en el periodo 2005-2010 los 3 años del priismo más los dos años del gobierno perredista, el número de personas que se encontraban en pobreza por ingresos aumentó en 719 personas (CONEVAL, 2000) (CONEVAL, 2010). El gobierno estatal durante ese periodo estaba encabezado por el ingeniero en manos de Leonel Godoy Rangel, que precedió al también gobierno perredista de Lázaro Cárdenas Batel.

Nuevamente, en el año 2005 la cantidad de personas que, dentro del Municipio de Irimbo, se encontraban en pobreza por ingresos eran 9,123 (CONEVAL, 2005), los 5 años de gobierno combinado entre priismo y perredismo solo agrandaron el número de habitantes en este indicador, quedando en 9,842 personas. Es decir, aumentó la cantidad, nuevamente las acciones de gobierno de ese lustro, las políticas públicas y los programas implementados en de esos dos gobiernos afectaron a los habitantes de este municipio.

Para el año 2015 (INEGI) el número de personas nuevamente se incrementó (CONEVAL, 2018). Los gobiernos que nuevamente se alternaron la presidencia lograron multiplicar el número de personas que no tenían ingresos suficientes para sobrevivir en la alarmante cantidad de 701 habitantes. Los gobiernos del ingeniero Norberto y el Ciudadano José Jaime no fueron capaces de incrementar los ingresos de los habitantes, otra vez quedaron a deber a los ciudadanos. Es una realidad que el escenario mundial fue sido difícil en los últimos años, pero los recursos que sin demora han llegado a las arcas municipales no ha servido para reducir el número de personas afectadas por este indicador.

Como si las acciones tomadas anteriormente no bastaran, en el lustro que pasó del año 2015 al año 2020 las cifras aumentaron en 5 personas demostrando que las políticas públicas no tuvieron éxito al reducir el número de habitantes que viven por debajo de la línea de la pobreza lo que demuestra que no lograron bajar un indicador tan negativo que muy posiblemente ni era conocido por los integrantes del cuerpo de los dos ayuntamientos que habitaron el palacio municipal durante esos 5 años.

Hasta el año 2015 el número de personas que estaban en situación de pobreza por ingresos era de 10,543 habitantes, para el año 2020 la cifra aumentó en 5 personas más en esta lamentable situación (CONEVAL, 2020). Recordando un poco en el año 2015 llegó a la presidencia municipal el PRD al igual que a nivel estatal el pueblo Michoacano le permitió gobernar el estado al Ing. Silvano Aureoles Conejo, hasta la publicación del informe presente, está prófugo de la justicia, emanado del mismo partido, para el 2018 regresar a la presidencia municipal el partido revolucionario logrando permanecer 6 años instalado en el palacio municipal rompiendo con la alternancia que compartía con el partido de la revolución democrática.

Las administraciones del PRD, que gobernó del inicio del lustro al año 2018, año en que llegó a la presidencia de la república la izquierda nacional, las cifras fueron solo iguales demostrando la incapacidad de los gobiernos municipales por generar condiciones mejores para sus habitantes. Lo que restó de este análisis de los 5 años restantes los casi dos años del gobierno priista fueron de la misma manera carentes de políticas públicas que generaran los empleos y los ingresos necesarios para sacar adelante a las personas de este pequeño municipio.

La misma CONEVAL menciona dentro de sus líneas que para que "una familia de 4 habitantes que habita dentro de una localidad urbana con más de 2500 habitantes se encuentra en situación de pobreza por ingresos si su ingreso mensual en octubre de 2020 es inferior a $13,133.30" (CONEVAL, 2023). Lo que significa que, para no estar dentro del cuadro de pobreza por ingresos los hogares deben tener un ingreso superior a este que se menciona anteriormente.

En el análisis de los documentos oficiales del ayuntamiento de Irimbo se concluyó que son menos del 25% los empleados que con su salario alcanzan a cubrir esa cuota. En otras palabras, ni los mismos empleados del ayuntamiento que trabajan ahí ganan lo indispensable para vivir. Aplica para cualquier trienio pasados, presentes y los que vengan después. Dicho de otra manera, los recursos del ayuntamiento actual no alcanzan, o quizás no saben manejar adecuadamente la administración, para darle un salario digno a sus empleados, a los simpatizantes de su partido, a los que le ayudaron a llegar a la presidencia municipal. La actual presidenta municipal no sabe recompensar el trabajo de las más de tres mil personas que confiaron en ella, mucho menos podrá cumplirle a los más de dieciséis mil habitantes del municipio.

Al igual que los demás indicadores revisados hasta el momento en lo que respecta a los ingresos que son menores a la línea de la pobreza los números solo han empeorado, cada vez son más las personas que tienen poco para satisfacer sus necesidades, cada aumentan las personas que no les alcanza para comer, y así trienio tras trienio y administración tras administración, crecen las personas que, sumados a otros indicadores denotan el poco crecimiento que hay en el municipio.

¡Pero es culpa del país! Podrán decir muchos gobernantes, ¡que no está en sus manos!, ¡que depende de muchos factores!, ¡que los gobiernos estatales y nacionales!, ¡que la crisis del COVID-19!, ¡la guerra de Ucrania! o ¡el desplome de los combustibles! han sido responsable de eso y más. Sin embargo, al asumir un cargo de presidencia municipal en periodos de campaña las promesas son múltiples, diferentes, estratégicas y de cara a resolver la situación.

Una vez en la presidencia municipal las cosas cambian, centralizan todo, los regidores, directores y demás ayudantes quedan de adorno, poco peso tienen en las acciones que se toman para mejorar la vida municipal. No es culpa de ellos, consta en hechos y en papel que las propuestas, de no pocas personas, para tornar la vida pública de verdad del pueblo y mejorar la vida de los habitantes, muchas veces terminan en el bote de basura. Lejos de las acciones, que son lo que en realidad se necesita para generar mejores condiciones de vida de todos los que habitan el municipio, el estado y a su vez el país.

¿Qué sucede con los buenos candidatos en campaña? ¿Dónde está la clave del cambio? ¿Por qué se transforman en capitalistas despiadados? ¿Cuándo dejan de ser humanos? Es una realidad que hay dos tipos de dirigentes municipales, uno que anda en campaña y es casi tan santo como un papa, y otro que se torna agresivo, frío, hostil, majadero e insensible por las necesidades de sus conciudadanos. Sigamos con más. Si esta fuera una clase y se calificara con resultados los 8 ediles, más de la mitad reprobarían. ¿No me creen? Entonces consulten los datos de los diferentes institutos que hacen las mediciones en el país.

V POBREZA EXTREMA POR INGRESOS

Otro de los estándares que genera críticas a los administradores del patrimonio municipal está enteramente ligado a el indicador anterior, que es en palabras simples es cuando el salario que se gana por parte del empleado no alcanza para subsistir, si es que tiene empleo que en la mayoría de los habitantes de esta demarcación no tienen trabajo. Sin embargo, es más grave para las personas que presentan pobreza extrema por ingresos ya que, o no ganan nada, o lo que ganan es tan poco que realmente no les alcanza para sobrevivir. Parece muy catastrófico, alarmista e incluso exagerado el mencionar que hay gente que no se gana nada, sin embargo, en nuestro país, nuestro estado y nuestro hermoso municipio existen personas que en días que no trabajan, ya sea por enfermedad, o por las inclemencias del tiempo o alguna de muchas otras razones, el día que no salen a trabajar no hay ingresos en sus hogares. Tal es el caso del señor que vende los bonice, o el señor que vende las semillas, aquí en el municipio de Irimbo, omitimos el nombre, sin embargo, todos en todo el país tenemos en mente al menos una persona con estas características. Un día sin trabajo es un día sin ingresos y por lo tanto es un día sin comida.

Los días que pasa el servicio de recolección de basura por las calles del municipio y de todo el país como de muchas regiones del mundo, es posible ver, no uno, ni dos, ni tres, sino hasta cinco o más personas que se adelantan al servicio municipal, tal como el relato con el que se inicia este libro. Las personas rebuscan entre la basura para poder sacar el plástico, las botellas, los cartones y demás cosas reciclables para poder vender en menos de 5 pesos el kilo, ¿Cuánto juntará una persona que se dedica a pepenar? ¿Será acaso el salario mínimo? ¿Les alcanza para la luz, el agua, el internet y tener una dieta saludable? Los números no mienten y estos dicen que no es suficiente, ya que son cada vez más los pobres y las personas que, centrados en este indicador, no tienen los ingresos suficientes para satisfacer sus necesidades.

Al analizar la gráfica, que de acuerdo con los estudiosos de los números exactos estos informan fielmente y queda claro que en cuanto a las personas que su situación económica empeora cada vez más y que los que pagan los platos rotos, son las personas menos favorecidas.

En el año 2000 de un total de 4,835 personas que se encontraban en situación de pobreza extrema por ingresos aumentó en 125 personas para el año 2005 (CONEVAL, 2000) y (CONEVAL, 2005), los gobiernos municipales poco o ninguna atención le prestaron a este grave y alarmante indicador, recordando un poco fueron 2 años de gobiernos priistas y tres años de gobiernos perredistas los que permitieron que los números crecieran.

Para el lustro siguiente entre 2005 y 2010 el número de personas que se encontraban en pobreza extrema por ingresos se redujo a 3,850 personas (CONEVAL, 2010) gracias a los trabajos de los gobiernos estatales, ya que a nivel local las políticas públicas han sido muy endebles para revertir la situación que tan lamentable de nuestro país. Los números fueron buenos, aunque no dignos una fiesta, se permitió que un total de 110 habitantes del municipio lograran salir de la situación de pobreza extrema por ingresos. Sin embargo, la situación que no podía empeorar en los años siguientes fue catastrófica. Recordemos que en esos años se estuvo frente a la administración a Marco Antonio Sandoval y a Norberto Antonio Martínez.

De 3,850 personas que en el año 2010 se encontraban en situación de pobreza extrema por ingresos en el transcurso de los años la cifra solo aumentó y aumentó en cada medición que se realiza en cada censo, ya que para el año del 2015 el número de personas que se cuentan en este indicador aumentó a 4,640 personas (CONEVAL, 2015). ¿Qué significan estos números? Que la cantidad de personas que tiene pobreza extrema por ingresos no pueden acceder a una mejor calidad de vida por sus bajos salarios. Significa que las familias no pueden comprar los alimentos necesarios, que no pueden pagar los servicios médicos, que no tienen una vivienda digna. Significa que a las 3,830 personas en esta situación es necesario sumar 790 seres humanos más que carecerán de todo en esta vida.

Es triste la situación, pero es más triste cuando quien cuenta la historia y quien la lee ha estado en esta misma condición. De otra forma son patrañas, datos inservibles y carentes de sentido. Para terminar y tomando en cuenta el último censo realizado en el año de 2020 el último conteo refleja que existen 4,499 personas en calidad de pobreza extrema por ingresos. Se logró reducir en 141 personas de este penoso indicador (CONEVAL, 2020). El número es alarmante, más del 25% de los habitantes su salario los condenará a una vida llena de pobreza, miseria y dificultades. Mientras que unos cuantos políticos se dan el lujo de tener ranchos, casas, terrenos, negocios, etc. Hay otros seres humanos que no les alcanza para comer.

La situación es insostenible, cada persona que tiene diferentes necesidades y tiene dificultades para acceder a una vida digna. Mientras que los funcionarios públicos acceden a prestaciones, recursos, y beneficios mucho mayores que los del promedio de la población, una mayoría de las personas que habitan en este municipio y en el país no tienen los recursos suficientes para acceder a una vida digna. Lamentablemente las cosas pintan para no cambiar no al menos para el municipio objeto de este análisis.

Gráfica 3 Personas en pobreza extrema por ingresos

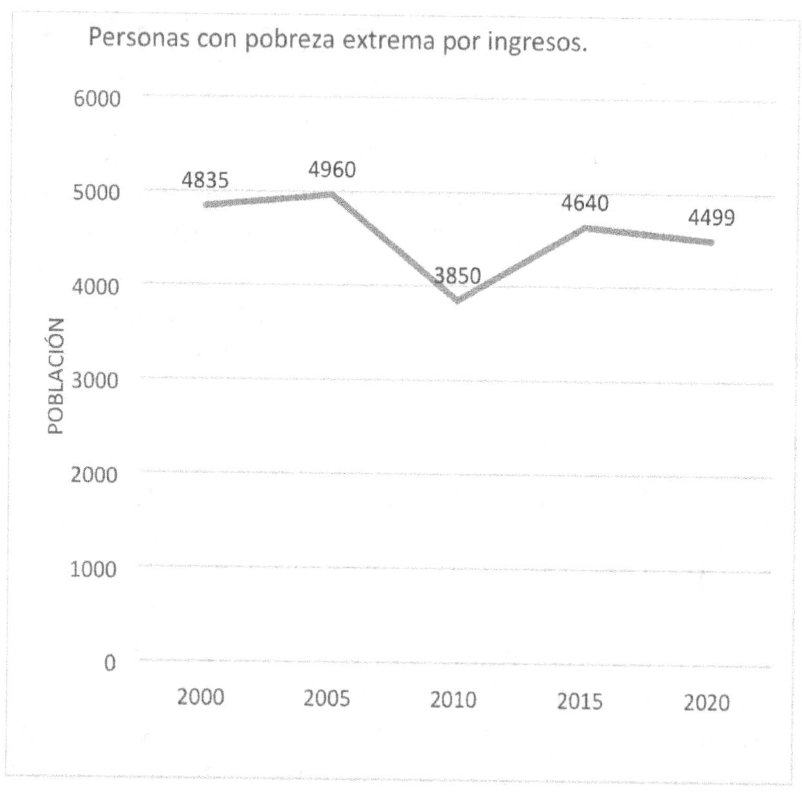

Fuente elaboración propia con datos de CONEVAL 2005, 2010, 2015, 2020 INEGI 2000, 2005, 2010, 2015, 2020.

VI ¿Y LA EDUCACIÓN?

Una tranquila mañana de marzo los niños de la Primaria Justo Sierra jugaban tranquilamente cuando la gente empezó a correr al final de la calle llevando cubetas con agua para apagar al incendio. Los niños llenos de curiosidad fueron a presenciar, a pesar del peligro, y corroborar con tristeza que la casa de Kevin, compañero del grupo de 3er grado, se había quemado perdiendo todas sus pertenencias. Los niños empáticos, se entristecieron, por la pérdida de su compañero.

Kevin, cuya familia está compuesta por cuatro integrantes: su mamá, una hermana mayor y un hermano menor. Han tenido múltiples dificultades. Siendo la pobreza y el rezago educativo los más marcados. Kevin nunca fue brillante, tampoco de los rezagados, pero su hermano menor ha tenido múltiples problemas, desde ser agresivo con los niños hasta ser expulsado del grado escolar porque la maestra no cuenta con las estrategias adecuadas para mantenerlo en clase.

México está viviendo una serie de cambios trascendentales que modifican diversos ámbitos de la vida personal de cada uno de los ciudadanos, la pobreza en la que viven cada uno de los más de 53 millones de personas en el país se ha visto reducida por las nuevas políticas gubernamentales pues ha logrado que 8.9 millones de personas salieran de esa categoría. Si bien es poco el tiempo que tiene de trabajo el gobierno, las políticas públicas hasta ahora establecidas si han logrado llegar a los más necesitados aún hace falta mucho trabajo. Ahora bien, la educación es necesaria ya que "la variable explicativa de educación media es significativa respecto a los tres niveles de pobreza, esto es, las personas con menores grados educativos, en promedio, presentarían una mayor tendencia a encontrarse inmersas en la población con algún tipo de pobreza" (Díaz Carreño & Herrera Rendon-Nebel, 2022).

El análisis a nivel municipal indica que las decisiones que se toman a nivel local poco afectan en la vida de las personas, fuera de los apoyos sociales que se vierten directamente a los ciudadanos y que emanan del gobierno federal, poco hay para los habitantes de Irimbo. De los 113 municipios con los que cuenta el Estado Michoacano pocos se destacan por su actividad económica y su aportación al PIB de país. Si bien es una realidad que el estado se encuentra en los últimos lugares en relación a la pobreza a nivel nacional de acuerdo con datos de Navarro, Ortega y Virginia, donde dice que "Chiapas, Oaxaca, Michoacán y Puebla fueron ineficientes en el uso de los insumos y son los estados con mayor porcentaje de pobreza en el año 2014" (Navarro & Ortega, 2018) y que el municipio de Irimbo se encuentra en los últimos lugares a nivel estatal, es necesario precisar que el nivel de vida se encuentra por debajo del promedio, de acuerdo a los índices de medición de la calidad de vida de las personas, a excepción de Morelia que se encuentra entre los 32 municipios con registro de un porcentaje mayor al 70% de pobreza extrema (CONEVAL, 2020).

Irimbo Michoacán es uno de los 113 municipios del estado que cuentan dentro de su historia con gran participación en los grandes acontecimientos de México, aparece plagado de hechos y personajes históricos que desfilaron por este territorio, desde el padre de la patria Don Miguel Hidalgo hasta diputados locales y federales, sin embargo, su historia, su pasado y gran legado a Michoacán y al país en el que vivimos es desconocido, un municipio con un pasado olvidado y con un futuro incierto.

La educación dentro del municipio inició hace más de 500 años con la llegada de los primeros evangelizadores que aleccionaban a los nativos de acuerdo a la religión católica y que hasta el momento sigue presente con una influencia creciente en la vida de los fieles.

La educación básica obligatoria tiene apenas unos 60 años de hacer su primera aparición dentro del municipio, contando poco a poco planteles educativos que se ven reflejados en la formación de mejores ciudadanos para esta región. Las modalidades de educación están presentes desde el nivel de educación inicial, preescolar, primaria, secundaria, preparatoria y universidad a distancia, además de contar ya con los medios de educación a distancia dentro de la modalidad de preparatoria y universidad. Y desde las gestiones de algunos cuantos habitantes, presumiblemente me cuento entre ellos, se instaló en el año 2019 la primera piedra de la primera universidad en este municipio. Sin embargo, la educación no está preparando a las personas para los cambios del siglo XXI, los avances tecnológicos, la educación bilingüe, el uso de las TIC s, las aulas interactivas, son sueños lejanos, utopías para los habitantes de este municipio, la educación privada no llega al municipio en su modalidad básica, la población analfabeta sigue creciendo, y las opciones para estudiar dentro de la modalidad para adultos está quedando a deber.

La historia ha probado que la educación hace posibles los cambios sociales, los cambios que permiten a un gran número de personas tener mejores condiciones de vida "frente a los numerosos desafíos del porvenir, la educación constituye un instrumento indispensable para que la humanidad pueda progresar hacia los ideales de paz, libertad y justicia social" (Delors, 1996), se diría el único instrumento capaz de lograr penetrar en la mente de las personas, convencerlas de trabajar en sociedad y de lograr juntos una mejor calidad de vida para todos.

Sin embargo, poco se ha logrado respecto a la educación en el municipio, al igual que otras administraciones la actual, no tiene rumbo alguno. Los puertos, múltiples por la evolución de la educación, en los que se puede atracar, desde nuevas tecnologías, educación emocional, educación virtual, educación bilingüe, desarrollo de nuevas tecnologías, entre muchas otras líneas pedagógicas no forman parte de las metas municipales, aunque el discurso político diga otra cosa.

El rezago educativo característico de los países tercermundistas está presente en este y en los más de 2,400 municipio y alcaldías mexicanas. Desde el año dos mil, fecha en que se inició la comparación para el presente estudio, cuando un total de 4,176 personas se encontraban en rezago educativo, cifra que aumenta con el paso del tiempo y que, dada la actual realidad del mundo, esta cifra de rezagados solo aumentó con la llegada de la pandemia de salud de la que el mundo aún no se recupera. A continuación, una gráfica con los números de rezago educativo

Gráfica 4

Rezago Educativo en el municipio de Irimbo

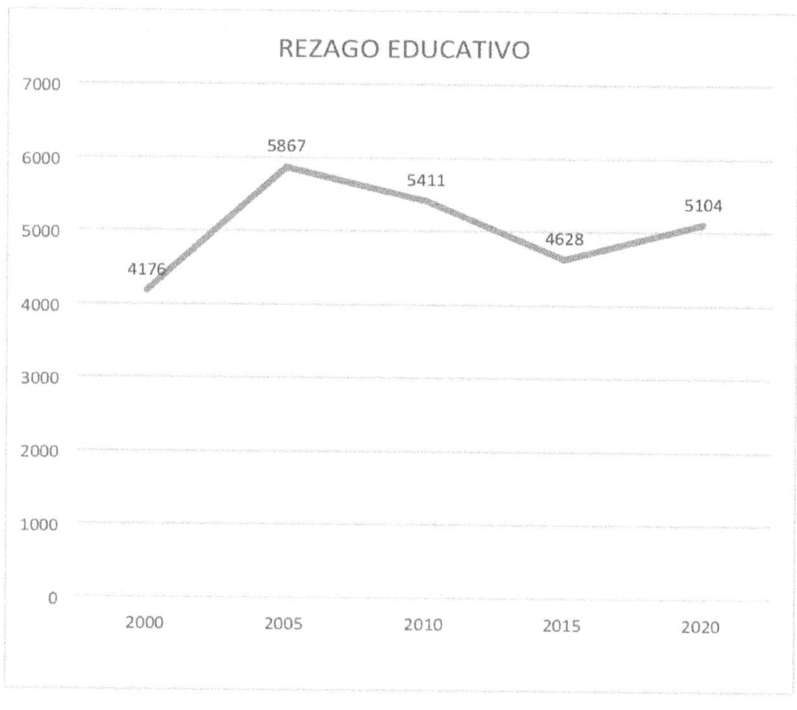

Fuente: elaboración propia con Datos de CONEVAL 2000, 2002, 2004, 2006, 2008, 2010, 2012, 2014, 2016, 2018, 2020.

Del inicio del siglo, en el año 2000 hasta el año 2005, cuando el mundo estaba prestando atención a múltiples realidades de la vida cotidiana se llegó a un incremento de 1,691 personas en situación de rezago educativo en solo cinco años (CONEVAL, 2005).

La administración del 2002 al 2004 que fue gobernada por un profesor de extracción perredista que fue presidente entre dos administraciones priistas hizo lo que pudo en términos de gestión, sin embargo, la situación no logró mejorar, los dos gobiernos que iniciaron el siglo XXI en el municipio no realizaron las gestiones necesarias para erradicar el rezago educativo. Se menciona lo anterior ya que el INEA, institución dedicada a la atención del rezago educativo brindando educación a personas mayores de 15 años existe desde el siglo pasado, suficiente sería con establecer un convenio con el coordinador de INEA, brindar las facilidades para que se opere, hacer una amplia convocatoria y sobre todo destinar recursos de las arcas municipales para resolver al menos este indicador. Sin embargo, las cosas son totalmente diferentes y la prueba está en los números que así lo demuestran.

Para la medición del año 2010 ya estando en el poder nuevamente la izquierda representada por un ingeniero, las cifras nuevamente bajaron, aunque no lo suficiente sí se redujo el rezago educativo a nivel municipal en un considerable número de 456 personas (CONEVAL, 2010). La política estatal y el trabajo del INEA, quizás tuvieron que ver en esta reducción. Sin embargo, los números siguen siendo suficientemente altos en comparación con la media nacional.

Nuevamente en el año 2015 se vio una reducción en el rezago educativo y quedó en la alarmante cantidad de 4,628 personas en situación de rezago, siendo las políticas públicas tanto nacionales como estatales las que condujeron a la reducción del rezago municipal sin que esto fuera significativo para las cifras negativas que existen en el municipio (CONEVAL, 2018).

Alto ahí, ¿por qué tanto empeño en desprestigiar el trabajo municipal? La respuesta es simple, porque ese trabajo no existe. Porque han llegado los dirigentes del instituto a presentar varios proyectos que beneficiarán a los habitantes y por consecuencia impactarían en los números en el municipio, el resultado es más de lo mismo, y la respuesta la que tantos presidentes dicen a sus beneficiarios, la respuesta universal es que no hay presupuesto.

Finalmente, la medición que realizó el INEGI en el año 2020 (Censo de población y vivienda, 2020) demuestra que muy a pesar de los esfuerzos Peñistas por eliminar el rezago educativo mediante el otorgamiento de certificados al vapor con su examen único de acreditación y certificación, fue imposible lograr una reducción siendo los números más elevados que en la administración anterior. Con un incremento de 476 personas más en rezago educativo a nivel municipal.

Nuevamente las políticas públicas municipales brillan por su ausencia, de la revisión actual durante las 8 administraciones que han gobernado el municipio las políticas educativas nuevamente se quedan solo en el papel, en los informes de gobierno y en las fotos de las redes sociales, nuevamente acciones sociales que este al que pendiente de la educación y que coadyuven en las mejoras educativas queda muy lejos.

Las cifras que se mencionan en el plan de desarrollo municipal de la actual administración 2021-2024 manejan números que datan desde el año 2010. No puedes hacer un diagnóstico y diseñar acciones con cifras de hace más de 10 años, es imposible que en el diario oficial del gobierno constitucional del estado de Michoacán de Ocampo en su edición del día jueves 10 de marzo del año 2022 se describan acciones con una antelación de más de 10 años

(Gobierno de Michoacán, 2023). Sus indicadores de rezago social en las localidades se basan en los estudios del año 2010. Imposible mejorar sin los números exactos.

Las políticas en materia de educación que se describen en el plan de desarrollo municipal (Plan municipal de desarrollo del municipio de Irimbo. 2021-2024, pág.14) son por más escasas de dirección, objetivos, plazos y formas de lograrlos. Solo 3 políticas en materia de educación. Las cuales son los siguientes:

- *Gestionar e implementar los programas del Gobierno Federal encaminados a romper el círculo de la pobreza y generar oportunidades, por lo que están dirigidos a familias de escasos recursos económicos con hijos en los diferentes niveles de educación.*

- *Aprovechar la infraestructura instalada para una mayor cobertura educativa, a través de una coordinación con los Gobiernos Estatal y Federal.*

- *Fomentar proyectos de investigación vinculados a esta problemática en el municipio.*

Ninguno diseñado con miras a mejorar los más de 67 planteles educativos que señala en el mismo plan de desarrollo el cual ya está por demás decirlo está desactualizado, no se contemplan acciones ni políticas para la mejora de la educación mucho menos se destinará presupuesto.

El informe de gobierno, primero de la administración 2021-2024, señala obras educativas, banquetas, entrega de cloro, gel y algunos pocos utensilios con los que intentan disfrazar la estratosféricas cantidades de dinero que desvían los servidores públicos de las arcas municipales únicamente en beneficios personales dejando de lado a toda su comunidad, pensando únicamente en sí mismos, en su futuro, dejando un fango de analfabetas, sin oportunidades de acceso a otros tipos de educación, y mejores posibilidades de un futuro mejor.

Ya ni hablar de las generaciones actuales de preescolar, primaria y secundaria, ni mencionar las actividades en las que se pueden inmiscuir las autoridades municipales con sus directores de educación que no hacen más que entregar y recibir solicitudes. Gran variedad de actividades a realizar en beneficio de la sociedad sin la necesidad de entrar en choque con los sindicatos, sin pelear con los líderes sindicales, sin difamar el trabajo honesto y honrado de los maestros, pero si con la firme determinación de mejorar en gran medida las futuras generaciones, esas de las que tanto hablan los ediles en sus discursos pero que quedan muy lejos de las acciones.

Por otra parte, es importante mencionar uno de los nuevos datos que ni están en miras de los políticos de los municipios por lo tanto es imposible que lo puedan mejorar. Por un lado, existen los analfabetos funcionales. ¿Qué son los analfabetos funcionales? ¿Cuántos existen en el municipio? Haber terminado los estudios básicos no significa que se tenga capacidad de lectura y escritura, que se use la misma en beneficio de la persona y de la sociedad, que sea una herramienta que mejore paulatinamente las condiciones de vida de las personas.

Por otra parte ¿y los analfabetos tecnológicos? ¿Qué sucede con las personas que en esta era tecnológica siguen sin tener acceso a la gran cantidad de información por medio del uso de las tecnologías de la información y la comunicación? Ya que aun teniendo un teléfono inteligente en casa muchas madres de familia siguen sin saber la forma correcta de buscar el mapa de la república mexicana en alguna página de internet. Hacer una cita en el INE imposible. Solicitar una cita para resolver el problema de las becas de los niños, ni pensarlo.

Campo de acción y trabajo hay mucho, maneras de resolverlo también, gente interesada en participar en estos proyectos por supuesto que sí, pero no existe la voluntad política por parte de los encargados de dirigir y mejorar las políticas públicas en la región. Nuevamente los encargados del despacho municipal en estos casi 25 años del nuevo siglo quedan reprobados es cuanto a rezago educativo pues de los 1,239 habitantes en rezago educativo que lograron disminuir apenas pudieron llegar a la mitad de los 2,167 que aumentaron en este primer cuarto de siglo.

La cifra de 5,104 habitantes en rezago educativo hasta el año 2020 únicamente aumentará, pues la pandemia dejó en cifras una cantidad mayor de personas en rezago educativo (CONEVAL, 2020). Falta esperar los números y confirmar lo dicho. Ya el actual ayuntamiento en su informe de gobierno del segundo año de gestión enumera en un video de no más de 10 minutos las acciones que ha realizado y en lo que respecta a la educación en el municipio las obras son por demás raquíticas, pues enumera acciones sin terminar, que son obras con presupuesto federal o que no repercuten en nada para el tema del rezago educativo y las causas que alimentan sus números.

Dentro del informe de gobierno del segundo año (H. Ayuntamiento de Irimbo, 2023) se enumeran desayunadores que se rehabilitaron con recursos del programa federal la escuela es nuestra. Techumbres con presupuesto estatal como la secundaria técnica de San José de Magallanes, portones en el preescolar de la cabecera municipal que no representa un gasto oneroso, bardas a medio terminar, o la contratación de 27 docentes más personas de apoyo e intendencia para la educación. Señor presidente, si la educación es un tesoro, como lo decía Delors en su informe de la UNESCO, porque no hacer una planeación adecuada, una inversión de recursos generosa y una adecuada contratación de personal para que la escuela trascienda las paredes de la escuela y se socialice beneficiando a más habitantes de la comunidad.

La respuesta es simple, porque no hay voluntad ni ganas de ofrecer mejores condiciones de vida a las personas del municipio. Porque el presidente municipal parece un administrador pésimo que cuando rinde cuentas no señala donde y cuánto se invirtió en cada obra, imagina que somos ilusos, está más que equivocado.

VII BENEFICIARIOS DEL SISTEMA DE SALUD

Son las 4 de la mañana de un día cualquiera en la casa de don Evaristo, él vive en la localidad de Llano grande tenencia de Tzintzingareo, su esposa tiene fiebre, vómito y empieza a desvariar, no han cedido los síntomas con los remedios caseros que ya le han aplicado. Ir a despertar a sus vecinos es la única opción que tiene. Después de muchos intentos con los que tiene a la mano, la incertidumbre y desesperación de ver a su esposa tan delicada de salud decide que no debe esperar más, pone sus oraciones en Dios y a las 7 de la mañana sale en una camioneta con rumbo a la tenencia más grande del municipio y tardará hasta media hora en llegar.

En la clínica el doctor no está, tuvo que ir a llenar papeles a la cabecera municipal de Irimbo. Las enfermeras no le pueden ayudar ya que no hay medicamentos y no queda otra opción que visitar al doctor particular, sin duda generará más gastos, pero al igual que el más del 30% de la población que no tiene acceso a los servicios de salud tienen que ir al médico privado. Lástima, en esta tenencia aún no llegan los consultorios del Doctor Simi, o de la doctora Lydia, o cualquier otro de los que criticó tanto el exsecretario de salud pero que para la población carente de recursos son una buena opción.

Se ha constatado que, en todo el mundo, la mala salud aqueja mucho más a los pobres. Las causas son múltiples y están relacionadas entre sí. Los pobres carecen de médico y, en caso de enfermedad, consumen sus exiguos recursos porque los servicios públicos son deficientes (Abigail, Quintero Soto, & Hernández Espitia, 2011). A continuación, una gráfica que da cuenta del estado de este indicador en nuestro municipio.

Gráfica 5 Acceso al sistema de salud.

Fuente elaboración propia con datos de CONEVAL. 2000, 2002, 2004, 2006, 2008, 2010,2012, 2014, 2016, 2018 y 2020.

Los números indican que son cerca de seis mil personas las que no tienen acceso al sistema de Salud, la realidad es que son muchos más. Una de las políticas públicas que más énfasis ha tenido por parte de los gobiernos federales principalmente son enfocadas a los programas de salud. Desde el gobierno de Vicente Fox Quezada, el seguro popular, la remodelación de las clínicas en la era aureolista, o el actual INSABI en el gobierno del presidente López Obrador han intentado acercar los beneficios en materia de salud a los que menos tienen.

Aunque las intenciones sean muy buenas los resultados muestran lo contrario. "De acuerdo con el artículo 4to de la Constitución Política de México, la protección de la salud es un derecho de todos los mexicanos. Sin embargo, no todos han podido ejercer este derecho de manera efectiva" (Gómez Dantés, y otros, 2011)

En este aspecto se observa que el número de personas que carecen de los servicios básicos en cuanto a la salud se refiere ha disminuido drásticamente, de un total superior al 90% de la población en situación de vulnerabilidad en servicios de salud se refiere, los números se han reducido hasta quedar al día de hoy con un total de menos del 36.6%, lo cual si bien es alentador derivado de que casi 7 de cada diez personas cuentan con servicios de salud, sigue siendo dramático que casi seis mil habitantes de este municipio no puedan acceder a los servicios necesarios de una persona en igualdad de circunstancias en los países desarrollados y que se requieren por parte de la población, otra cosa es que existan los servicios de salud en el municipio y que estos funcionen de acuerdo con las necesidades de los pacientes. "De este modo, la baja calidad de los servicios del sistema de salud mexicano, se caracteriza por la escasez de recursos y la indebida planificación en la organización de las instituciones en este sector público/privado" (Benhumea González, 2019).

Es preocupante que pocos presidentes, por no decir ninguno de los 8 que hasta el momento han estado al frente de la administración en este nuevo siglo, han creado un programa digno para atacar la falta servicios de salud. Las personas siguen viviendo en situación de pobreza debido a que no pueden solventar los gastos de salud y en los cinco, próximamente seis, centros de salud que se ubican dentro de esta demarcación territorial la atención es insuficiente, los medicamentos escasos o nulos y la falta de políticas públicas municipales destinadas a la atención de la salud ha sido por demás carente por parte de las administraciones municipales.

El autor del presente escrito está más que seguro que cuando la actual presidenta municipal, y algunos expresidentes pasados, revisen estos datos pugnará por una declamación negativa y a sus conocidos y amigos mencionará que en su administración si se apoyó a la salud con un determinado número de enfermeros, doctores o apoyos para la construcción dentro de las clínicas y que gestionaron medicina y consultas gratis durante las campañas y antes de ellos, que el autor que escribió estas líneas no tiene idea de lo que habla y hasta soltarán una que otra maldición, sin embargo, las preguntas que surgen son bastantes y variadas. Señora presidenta, y expresidentes o expresidentas, si un habitante de Irimbo se enfermara a la mitad de la noche ¿a dónde creen que acudiría? tú como servidora pública si tienes una dificultad médica ¿Acudes a los servicios públicos? ¿Dónde se atienden los regidores, síndicos, y presidentes municipales? ¿Por qué no hay igualdad en cuanto a los servicios de salud? ¿Por qué algunos si pueden pagarse sus clínicas privadas mientras que otros no tienen ni para comprar paracetamol? ¿Por qué no hay servicio las 24 horas en las clínicas del municipio? ¿Por qué en las clínicas de gobierno no se atienden los fines de semana? Esta y otras muchas preguntas pondrán en entredicho los argumentos de más de un expresidente.

El sistema de salud a nivel municipal está totalmente abandonado, y no hay una política municipal que atienda la salud, todo se queda en papel, en promesas de campaña, en planes y programas que al llegar a la presidencia se olvidan de todo lo demás y se enfocan en la obra pública y nada más. Y ojo, el presidente municipal del periodo 2018-2021 fue director del centro de salud mencionado al principio de este apartado y actualmente se desempeña como director del centro de salud en la cabecera municipal. Además, el presidente de la administración, 2021-2024, es médico de profesión y tiene amplia experiencia en el ramo, práctica que no se ve reflejada dentro de la administración pública, una cosa es ser un buen médico y otra muy diferente ser un promotor de la salud.

De acuerdo con el informe de gobierno realizado en el año, 2022, que se presentó por parte del actual ayuntamiento los resultados son los siguientes:

Tabla 1 Apoyos a salud

Salud
Traslados
Atención psicológica
Enfermería
Nutrición
Apoyo con médicos y enfermeras
Apoyo con gastos funerarios
Primera Jornada de salud
Apoyo con medicamentos
Apoyo para la vacunación

Fuente: (H. Ayuntamiento de Irimbo, 2022)

La tabla anterior refleja lo que se mencionó por parte del presidente municipal en el muy lúcido informe de gobierno, y así sin cifras ni cantidades menciona en dos segmentos, o dos diapositivas las acciones que su gobierno ha tenido a bien desempeñar en beneficio de lo que pregonan como el pilar de esta administración, la salud. Con los números elevados y maquillados y sin tener claro que es lo que hacen allí se reporta que se realizaron traslados gratis, sin contar la cantidad de dinero invertida, lo cual sería una falacia derivada de que los traslados no son gratuitos, tampoco la atención psicológica ni la nutrición, que si es una realidad está subsidiada no es completamente gratis.

Las jornadas de salud de las que se hablan son las jornadas nacionales que se realizan por encargo del sector salud, la inversión que se realiza por parte de la presidencia municipal es la renta de las sillas y las mesas que se utilizan en dichos eventos sin reportar claramente el monto otorgado a dichas jornadas, que, si no está de más mencionar, solo se realizó una en los primeros 6 meses del año 2022, quedando en claro que no es una prioridad la salud en el municipio. Dos aspectos que se presumen por parte de la actual administración que son el apoyo con medicamentos y el servicio de enfermerías están totalmente sobrevaluados, pues la enfermería que fue habilitada en la parte posterior del recinto presidencial actualmente está clausurada y el medicamento que ahí se entregaba a la gente no era más que pastillas contra el dolor tal como rezaba el letrero del improvisado centro de enfermería.

El último rubro que se menciona en el informe es el apoyo para la vacunación contra COVID-19, mismo que en su totalidad era a cargo al gasto federal siendo este el encargado de conseguir, comprar, distribuir y aplicar la vacuna en las diferentes jornadas de vacunación que se realizaron en la totalidad del país. Sería faltar a la verdad si se menciona que el ayuntamiento no apoyó con nada, pero su invaluable ayuda quedó reducida en: personal de seguridad para las puertas, apoyo con mobiliario, apoyo con empleados que aplicarían el gel y repartían los cubre-bocas en las entradas de los centros, más de lo mencionado no se observó por parte del médico presidente en turno, sería excesivo pedir cuentas ya que, como se muestra en la tabla, se están obviando las cantidades que este municipio invierte en salud, las cuales a decir verdad no sobrepasan del pago del personal que tiene puestos municipales.

El gasto en salud no va más allá de los recursos que se invierten por parte del gobierno en turno en restaurar, remodelar, adecuar o ampliar las instalaciones de alguna de las clínicas lo cual es muy bueno y yo aplaudo que se implementen estas acciones. Sin embargo, y sin faltar a la verdad, me gustaría ver más acciones, más estrategias, más programas y sobre todo más recursos en el área de la salud en beneficio de los que menos tienen. A continuación, se presenta una tabla sobre los dos únicos programas en beneficio de la salud de los irimbenses por parte de la actual administración.

TABLA 2 Programas destinados a beneficiar la salud de los irimbenses.

PROGRAMA	BENEFICIARIOS	BENEFICIOS OTORGADOS	CANTIDAD DE APOYOS
PROGRAMA DE MASTOGRAFÍAS	128	PRUEBAS	128
PROGRAMA DE PAPANICOLAOU	98	PRUEBAS	98

Fuente (H. Ayuntamiento de Irimbo, 2022)

La segunda diapositiva que fue utilizada y que se encuentra presente en el informe de gobierno del ayuntamiento actual hace referencia a dos programas; a) el programa de mastografías y b) el programa de Papanicolaou, mismos que de acuerdo con presupuesto estatal y a las mismas palabras del relator del informe que fue el mismo presidente municipal, el apoyo que se otorgaba a las beneficiarias de dichos programas era, en el mayor de los casos, con traslados a la capital del estado para que fueran los especialistas del Centro de la Mujer y el Hospital Civil, quienes llevarán a cabo la realización de las pruebas, dejando de lado al municipio nuevamente que se vanagloria de un apoyo que en realidad no es otorgado por ellos.

El segundo informe de gobierno del ayuntamiento 2021-2023 quedó vacío en el área de la salud. Los apoyos mencionados se repiten nuevamente sin generar una acción diferente, un programa de prevención de enfermedades, un plan nutricional en las escuelas, áreas para hacer ejercicio, entre muchas otras acciones que impactarían de mejor manera en la salud y el bienestar de las familias irimbenses, lo más relevante del tercer informe de gobierno fue la tela que se colocó en el Centro de Salud de Irimbo (H. Ayuntamiento de Irimbo, 2023), no por su importancia, sino porque lo anunciaron con bombo y platillo como si con esta acción fueran a generar un cambio trascendental en la vida de los irimbenses, ¡menudo chiste la tela de alambre de la clínica de Irimbo!.

Mejorar las condiciones de salud del municipio depende de muchas acciones, principalmente destinar recursos públicos y generar condiciones que prevalezcan y coadyuven en la generación de personas más sanas, políticas de prevención de las enfermedades, políticas que no solo tienen por objetivo mejorar la salud, curar las enfermedades que ya afectan a la población, se debe tratar más de la prevención, algo que por supuesto y evidentemente queda de lado en los planes de las 9 administraciones que han gobernado en el presente siglo.

Así los números, 5,981 personas que a la fecha del censo del 2020 no tenían acceso a los servicios de salud, y que las políticas públicas de los dos últimos alcaldes no han permitido modificar a favor esa cifra, si en contra, porque las condiciones de vida de los habitantes sigue siendo si no igual si lamentablemente peor a raíz de las situaciones de este mundo globalizado la pandemia de COVID-19 que se vivió en el mundo después de realizada la recogida de información por parte del INEGI, las situación para los hogares más vulnerables definitivamente ha empeorado.

Un último punto antes de terminar. Decir que del total de la población más de 10,000 personas tengan acceso a los servicios de salud y que no existe problema con ese indicador sería faltar a la verdad y sobre todo sería inexorable una aclaración sobre este punto ya que aunque sean beneficiarios del sistema de salud pública y puedan ser recibidos en la clínica de su localidad para la consulta y posterior seguimiento a su problema de salud que tiene no significa que una vez acudiendo a los centros de salud a ejercer este derecho se le vaya a otorgar al ciudadano común a la atención.

Es muy simple, después de las 6:00 pm ¿Quién atiende los centros de salud? ¿En fin de semana quién atiende en las clínicas públicas? Los ciudadanos más desfavorecidos entendemos que si en los horarios mencionados surge alguna emergencia, por pequeña que sea, es necesario acudir al médico particular ya que los servicios en ese tiempo están vedados. Mucho trabajo hay por hacer nuevamente en el tema de la salud.

RICARDO RUIZ ZAMUDIO

VIII BENEFICIARIOS POR LA SEGURIDAD SOCIAL

Durante la historia de la humanidad ha existido una gran cantidad de personas en situación de vulnerabilidad. Si bien es una realidad que el lado humano de los ciudadanos ha permitido sostener a estas personas que se encuentran en desventaja social fue hasta el siglo VIII en el viejo continente donde se estableció que las parroquias, máximo órgano en ese tiempo incluso superior al estado, deberían hacerse cargo de las personas adultas mayores y de los niños en situación de orfandad cuando ninguno de ellos no contaba con ayuda de la familia o estas no estaban cerca.

Hasta el año de 1601 se creó en Inglaterra (Gobierno de México, 2023) un impuesto obligatorio nacional que pretendía cubrir esta clase de asistencia social. Más tarde países nórdicos como Suecia y Dinamarca adoptaron este tipo de medidas en favor de los más desfavorecidos.

En México, la situación fue muy diferente y fue apenas

en el siglo pasado con las demandas del movimiento revolucionario que exigía dentro de las muchas peticiones sociales la protección de las personas más vulnerables. Sin embargo, fue hasta el año de 1943, exactamente el 19 de enero cuando se promulgó la Ley del Seguro Social que tenía por objetivo asegurar el derecho humano a la salud, a la asistencia médica, a la obtención de los medios de subsistencia que pretendía garantizar la seguridad del ingreso en caso de vejez, enfermedad, invalidez, accidentes de trabajo, cuando fuera por maternidad y en caso del fallecimiento de la persona encargada de sostener la familia. Se entiende pues como la forma de protección y mejoramiento de los niveles de las personas trabajadoras y sus familias.

En el rubro de seguridad social en el caso del municipio de Irimbo Michoacán y sin pecar de fatalista, en todos los municipios del estado e incluso yendo más lejos en el 99% de los municipios del país, las cosas, como en los indicadores anteriores van de mal en peor, a continuación, se presenta una tabla con los resultados de las personas que durante estas más de dos décadas no han tenido acceso a la seguridad social en esta pequeña porción del país. Se puede observar que el crecimiento en números respecto a la seguridad social ha sido solo negativo para la población.

De los más de 12,078 personas que se encontraban sin acceso a la seguridad social en el año 2000 (CONEVAL, 2000), para la medición en el lustro después se encontraban 101 personas más en esta lamentable situación, es decir, que los trabajos nuevamente de los ediles municipales de estos 5 años pasaron, como se dice coloquialmente, de noche, en el aspecto de la seguridad social.

Quiere decir lo anterior que no se mejoró la situación de las personas con respecto a la seguridad social, mucho peor se incrementó la cifra en más de tres dígitos lo cual resulta lamentable y sobre todo doloroso para los habitantes de este municipio.

Para para el año 2010, año en que además se celebraban los doscientos años del inicio de la independencia de nuestro país y 100 años del inicio de la revolución mexicana, cuando los logros debieron haber sido tantos y los festejos más, con una sociedad mejor y condiciones de vida más dignas resulta ser que más de 12,235 habitantes se encuentran carentes de acceso a la seguridad social (CONEVAL, 2010). Nuevamente los gobiernos municipales, el del ingeniero que después sería diputado federal e incluso diputado local y al que mucha gente recuerda como un buen presidente, quedaron a deber al igual que su predecesor en el municipio el priista Marco Antonio Sandoval.

Gráfica 6 Personas sin acceso a la seguridad social.

Fuente elaboración propia con datos de CONEVAL 2000, 2002, 2004, 2006, 2008, 2010, 2012, 2014, 2016, 2018 y 2020.

Si bien es una realidad que durante los cinco años que gobernaron juntos fue la cantidad en la que menos personas carentes de seguridad social aumentaron con solo 56 habitantes más quedando en la deshonrosa cantidad de 12,335 habitantes, es menester aclarar que la cifra aumentó y que poco o mejor dicho nada se hizo para resolver tan penosa situación.

Los números son alarmantes, ya que de 14,766 personas que habitaban el municipio en el año 2010 solo 2,531 afortunados habitantes contaban con acceso a la seguridad social, de las cuales un gran porcentaje equivalente a 12,235 seres humanos no contaban con esta prestación que debería ser un derecho universal, antes que nada. Las cifras fueron aumentando y para el año 2015 (CONEVAL, 2018), tiempo de transición en el municipio y en el estado de Michoacán las personas con acceso a la seguridad social volvieron a crecer en número y pasaron a ser 38 habitantes más sin acceso a este derecho.

Nuevamente este rubro es algo que quedó en el olvido por parte de los dos ediles municipales, no hubo políticas públicas, ni acciones, ni convenios, ni acuerdos, ni siquiera conversaciones por parte de los presidentes municipales con las empresas para trabajar en este aspecto tan necesario en la sociedad y los números demuestran que la situación solo empeoró.

En las elecciones del estado de Michoacán para gobernador de ese julio del 2015, había muchas esperanzas en un joven político de la izquierda amarilla que había enfrentado en el congreso a presidentes de la república de la talla de Felipe Calderón e incluso a mismo Enrique Peña Nieto, cuando les mencionaba en su presencia los tantos errores cometidos en su administración, así que la gente lo veía como un luchador social que no temía por su vida a fin de defender los derechos del pueblo. Ahora candidato a gobernador por el Partido de la Revolución Democrática, y con una popularidad tan alta que ya lo hacían candidato en las próximas elecciones federales para la presidencia de la república suponía un cambio verdadero para toda la gente que lo seguía y para todo el pueblo michoacano, sin duda era tiempo de la esperanza y el cambio.

A nivel municipal las cosas eran muy similares, un candidato muy joven que había perdido una elección en el año 2012 se proyectaba como el virtual triunfador de la contienda por el mismo partido del sol azteca. Al parecer las cosas ahora sí mejorarían, al menos eso se pensaba. Además, llevaban carro completo pues tenían de su lado a un expresidente municipal de Irimbo como diputado federal, a una ciudadana como diputada local, el municipio, el congreso y el estado se pintaría de amarillo, si faltara poco contaban en el senado con un miembro más de su partido el senador Raúl Morón Orozco, quien la historia lo recordaría como un excelente líder de la izquierda nacional, el camino estaba trazado para que a Irimbo le fuera muy bien.

Sin embargo, y pese a los comentarios que se puedan mencionar por parte de mis compatriotas, las cosas en cuanto a la seguridad social solo empeoraron, pues de 12,573 personas sin acceso a este indicador que había en 2015 para el año 2020 aumentó el número a 13,901 personas (CONEVAL, 2020) creciendo el número de personas y decreciendo la cantidad de personas con acceso a seguridad social quedando en 2,142 la cifra de personas que, de acuerdo con el último conteo, son las que tienen cubierto este indicador, en palabras de la gente que habita esta noble tierra son incluso muchos menos.

Las cosas como sugieren los números siguieron no igual sino mucho peor, es decir que nuevamente y pese a tener todas las condiciones para poder modificar la vida de las personas los resultados fueron adversos para la gente. Ya escucho a algunas personas decir que en el trienio 2015-2018 fue cuando más obra pública se realizó en el municipio. Que se invirtieron más de 300 millones de pesos y que ese fue el periodo donde más creció el municipio.

Los números no mienten y tal como dice un buen amigo los presidentes municipales solo se dedican a tirar cemento, en el caso del anterior presidente municipal ni eso hace y el servicio público debe estar más enfocado en muchas otras áreas y acciones que son necesarias para mejorar las condiciones de vida de las personas habitantes de este y de los muchos municipios de país. ¿Por qué los ediles municipales ponen todo su esfuerzo en la obra pública? ¿Por qué abandonan muchos otros aspectos necesarios para que la vida humana prospere de mejor manera, con mejores tasas de felicidad, empleo, alimentación, ocio y sobre todo con condiciones sociales dignas? Es más que conocido por los habitantes de este municipio que la obra pública es donde más dinero se puede hacer por parte de los cobradores de diezmo, las empresas factureras y donde pueden sustraer más dinero de las arcas públicas y la forma en la que pueden saquear las finanzas municipales. Por esa situación se convierten más que en presidentes en gerentes de obra pública, como lo decía un filósofo del este municipio.

Un indicador más en el que el municipio está reprobado, un aspecto diferente que da tranquilidad a las personas, que otorga mejores condiciones de vida a los habitantes y que da mejores oportunidades a las personas, queda olvidado, relegado y sin las atenciones necesarias para que este pequeño municipio del oriente del estado aporte mejores resultados a los números dolorosos y lamentables del estado, lo que beneficiará muy bien al país en las cifras de combate a la pobreza. Sin embargo, los ediles municipales siguen esperando que el gobierno federal resuelva los problemas del país con políticas públicas y programas sociales en beneficio de los que menos tienen. No se dan cuenta que el cambio es hacia arriba, como en las pirámides, que se construyen desde lo local, desde el pueblo, desde las bases, de cada persona y cada familia, cada colonia y cada pueblo, en beneficio de todo el país y hasta que no entendamos eso nuestro querido México no avanzará.

IX CARENCIA EN LA ALIMENTACIÓN

--¿Hambre? ¿Hambre? Si no he tenido otra cosa en toda mi vida, como tú, como mis hijos. Nunca he pensado más que en tragar, nos pasamos la vida muriéndonos de hambre—

Macario 1960.

Un día de agosto en las oficinas administrativas de San Queréndaro, una de las tres tenencias que tiene este bello municipio pero que no rebasa los cuatro mil habitantes, que es importante por su actividad económica, la agricultura, pero también por sus manantiales de agua cristalina. Es viernes 19 de agosto del año 2022 y aproximadamente a las 12 horas del mediodía había un cúmulo de gente en el jardín, no eran más de 20 personas y entonces me percaté de que el personal del DIF Municipal estaba haciendo entrega de las despensas a la tercera edad y a los menores, un gran apoyo para quien lo recibe que sin embargo no es suficiente.

Dentro de los indicadores que existen en la definición de la pobreza, creo, personalmente, que este es el más difícil de todos, el valor de la línea de pobreza alimentaria toma como referencia el valor de la canasta alimentaria elaborada por el Instituto Nacional de Estadística Geografía e Informática (INEGI) y CEPAL en 1992, con una actualización de componentes desagregados del índice nacional de precios al consumidor (INPC). (Abigail, Quintero Soto, & Hernández Espitia, 2011). Estar sin comer, no tener para cubrir las necesidades nutricionales de la familia y siempre estar deseando comida es lo más desesperante, lo más triste y lo más complicado que puede existir. Cualquiera de los otros indicadores puede resolverse de alguna manera, pero estar sin alimentación es una de las necesidades que algunos servidores públicos nunca han sentido. No se trata de tener hambre, creo que todos en alguna ocasión de la vida hemos experimentado esa sensación, se trata de no tener que comer, tener hambre y no tener a la mano alimento alguno para satisfacer esa necesidad es algo que ninguna persona en el mundo debería conocer. Mucho menos si la situación es igual día con día.

El presente estudio inicia en el año 2000 con la exagerada cantidad de 6,653 habitantes en situación de pobreza alimentaria (CONEVAL, 2000), cifra que mediante los programas del gobierno federal en apoyo a la alimentación del primer presidente que logró quitarle la alternancia al

PRI. Recibió la presidenta municipal en ese año con la enorme cantidad de casi las 7000 personas en pobreza alimentaria y en colaboración con el primer presidente de izquierda del siglo se logró entregar en el año 2005 la presidencia con tan solo 3,971 habitantes que no tenían en sus mesas lo necesario para sobrevivir nutricionalmente hablando (CONEVAL, 2005).

El trabajo en este trienio fue de lo más destacado del cuarto de siglo motivo de análisis. De la mano de la izquierda perredista la situación en el estado empezó a mejorar, sin embargo, aún en el año mencionado y con lo que representa que una cantidad de 2682 personas mejoraran en este aspecto aún quedaba mucho por hacer (CONEVAL, 2018).

Para el año 2010 después de la alternancia de tres años del partido tricolor y dos años de la izquierda de regreso en la presidencia municipal los números aumentaron en una cantidad de 935 personas que tenían dificultades para cubrir sus necesidades nutricionales, quedando en la cantidad de 4,905 personas sin alimentos adecuados para llevarse a la boca (CONEVAL, 2010).

Es necesario precisar que el año 2008 estuvo marcado por una crisis económica originada en el país vecino del norte que terminó perjudicando a millones de personas en todo el mundo. Tampoco se trata de culpar de todo a los ediles municipales y cargarles la cruz de todos los pecados a ellos, pero es necesario que reconozcan su parte de culpa y sobre todo identifiquen que desde el palacio de gobierno municipal pocas, por no decir nulas acciones se toman en beneficio de los más necesitados. Las políticas públicas son desastrosas, la falta de visión a futuro es totalmente nula y quien termina pagando los platos rotos por la ignorancia de nuestras autoridades somos toda la población. Ojalá que mediante estas líneas logremos un despertar como sociedad y una conciencia social que nos permita elegir mejor a los votantes, así como diseñar y tomar acciones en camino a mejores prácticas públicas en beneficio de la sociedad.

Dentro de los números que arroja este indicador a partir del año 2010, cuando las cifras estaban en 4,905 personas sin acceso a la alimentación (CONEVAL, 2018). Se habla de una cifra exorbitante, cerca de la mitad de la población irimbense no contaba con los recursos suficientes para solventar dicha necesidad, y en algunos casos no se contaba con los alimentos nutricionales suficientes para cubrir la cuota diaria de calorías necesarias.

Es muy dolorosa esta situación, ya que imaginar a 4,905 personas sin acceso a la alimentación, ¿no se supone que vivimos en un municipio que se dedica a la agricultura? hay campesinos y ganaderos que deberían llevar alimento a la mesa de los habitantes de este municipio, incluso debería haber un superávit que permitiera a los mismos campesinos tener alimento de sobra para vender y sufragar las necesidades alimentarias de los municipios vecinos y que, debido a sus características geográficas, no producen alimentos.

Pues bien, la realidad es totalmente distinta, a pesar de que la principal actividad económica del municipio es la agricultura, la producción de alimentos es insuficiente para alimentar a la población de la región motivo de este estudio. Más adelante se hablará de sobre los apoyos a la industria y apoyos al campo, también elocuentes por su ausencia en las políticas públicas del este municipio.

Para el año 2015, los grandes esfuerzos de los tres niveles de gobiernos se vieron reflejados en los resultados con una reducción en el número de personas que no tenían acceso a la alimentación, logrando reducir la cifra en una cantidad de 452 personas en el municipio de Irimbo (CONEVAL, 2018) 92 personas por año fuera de este indicador, por supuesto las acciones son insuficientes. Queda claro que las políticas públicas del gobierno perredista del periodo 2008-2012 tuvo grandes resultados, pero aún mejores los que tuvo el gobierno priista cuando se coincidió con todos los gobernantes priistas desde el presidente municipal, diputados federal y local, gobernador y presidente de la república. Grandes logros que se ven reflejados en los números.

Quizás fruto de los resultados fue que el gobierno del partido tricolor siguió en el poder en las elecciones del año 2015. Sarcasmo total. Como recordamos los michoacanos ese año fue el partido del sol azteca el que gobernó el estado, conquistó el congreso local, subió varios diputados federales a sus escaños y ganó la gubernatura, así que todo lo dicho anteriormente es fruto del sarcasmo.

De casi cinco mil personas que se encontraban en el 2010 en situación de pobreza alimentaria se logró que solo 452 tuvieran una mejor alimentación, ¡qué gran vergüenza! (CONEVAL, 2010). El gobierno perredista del 2015 inicia su gestión con 4,453 personas en situación de vulnerabilidad alimenticia y para el censo del año 2020 con la llegada al gobierno federal de un gobierno de izquierda y el arribo nuevamente del priismo a la presidencia municipal las cifras fueron aún más vergonzosas.

Es una realidad que no aumentó el número de pobres en cuanto a alimentación se refiere, pero si es verdad que la cifra para la última medición del INEGI la reducción en 5 años fue de tan solo 41 personas quedando en la gran cantidad de 4,412 habitantes del municipio que carecen de una alimentación adecuada en el año 2020 (CONEVAL, 2020). Durante el actual gobierno que se encuentra a la fecha en posesión de la administración municipal, las cosas se ponen mucho peor aún. Pues los cambios que ha vivido el mundo han sido tan violentos y tan turbulentos que muchos seguimos en espera de una recuperación económica que parece no llegar.

La pandemia del COVID-19, y la supuesta invasión de Rusia a Ucrania han creado un coctel perfecto de condiciones para que el cultivo de las desigualdades sociales sea aún mayor, y la capacidad de reacción de los gobiernos de los tres niveles se ha nublado por la poca capacidad de los dirigentes, el único que se salva, sin pecar de fanático, es el mandatario federal, pues las acciones por parte del municipio han sino totalmente inexistentes hasta el momento de escribir el presente artículo.

El gobierno estatal, también de izquierda, está en camino a tomar las riendas del estado, a este órgano estatal brindaremos el beneficio de la duda. Para agregar un dato más al análisis en el periodo 2022-2023 la gran obra del ayuntamiento fue la despensa de la canasta verde que se le vendía a la población y que en su informe no lo dicen y la venta de productos de consumo básico que se venden en el DIF municipal, dos acciones que se enumeran en el segundo informe de gobierno (H. Ayuntamiento de Irimbo, 2023) y que poco ayudan a paliar la raquítica despensa de los hogares irimbenses.

Ahora, si el actual gobierno municipal gusta debatir respecto a sus logros en la alimentación con mucho gusto abrimos una mesa de información, análisis y crítica de sus programas sociales los cuales, por supuesto brillan por su ausencia, si no están convencidos los números de estos casi 25 años lo demuestran. A continuación de manera gráfica les presentamos los números.

¿Pobreza alimentaria en un municipio agricultor? Que nos perdonen las futuras generaciones por tan aberrantes crímenes cometidos en su perjuicio, que nos juzguen solo por nuestra ignorancia y el amar más el dinero que a nuestros hermanos, que perdonen a los dirigentes municipales que cegados por la ambición y la ignorancia dedicaron sus años de servicio público a llenarse los bolsillos dejando de lado que una familia de 6 apenas tenía para comer.

Gráfica 7 Personas sin acceso a la alimentación.

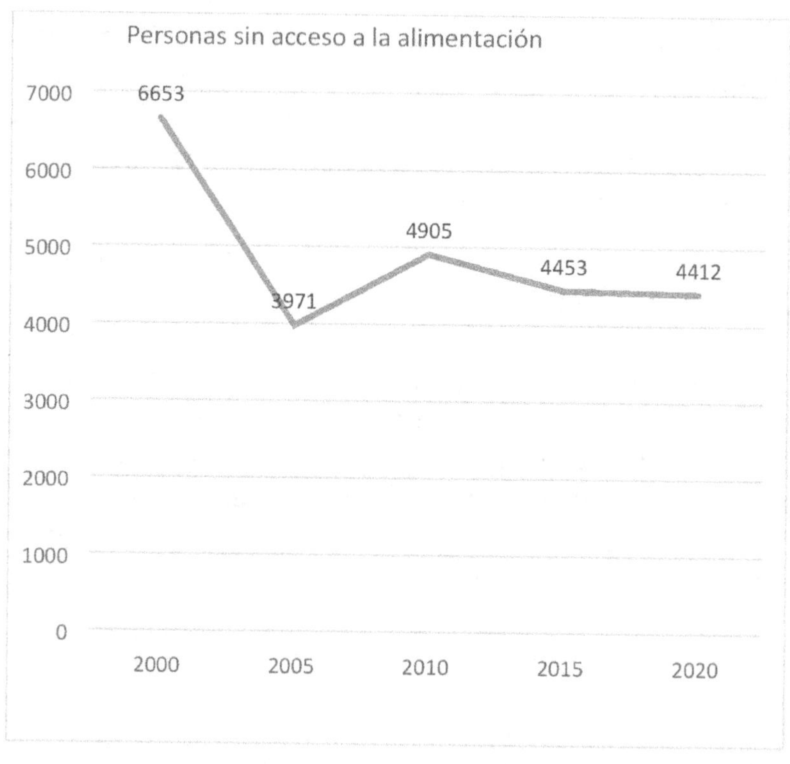

FUENTE: Elaboración propia con datos de CONEVAL 2000, 2002, 2004, 2006, 2008, 2010, 2012, 2014, 2016, 2018 y 2020.

Que las futuras generaciones de irimbenses, michoacanos y mexicanos perdonen a los dirigentes políticos, a los servidores públicos, pero sobre todo que tengan la bondad de no juzgar tan duro a sus padres, madres, hermanas y demás familiares que, cegados por su molestia con la sociedad, se quedaban en sus casas a la hora de elegir a los representantes sociales pensando que su voto de abstención cambiaria las cosas. Que nos disculpen a los que elegimos mal, que cuando se den cuenta de todo el daño que le hicimos al mundo, piensen que en la mayoría de los casos fue mera ignorancia y falta de personas que hicieran las cosas como se debían.

Que nos disculpen a los que votamos y votamos mal, porque la responsabilidad de que aún el día de hoy, lo digo sin temor a equivocarme, existen más de cinco mil personas que no tienen que comer solo en el municipio de Irimbo. Y si tienen algo que llevarse a la boca son sobras de ayer, o no es comida tan nutritiva o es algo que simplemente les quitará el hambre un momento. Por esto pido disculpas a los ciudadanos del futuro. Y no es que quiera quitar culpas a los 8 presidentes municipales que han pasado por este honroso cargo en lo que va del siglo, pero toda la sociedad tiene culpa y una memoria muy corta. Además de que en tiempos electorales muchos se venden por una despensa, un trabajo o por miseros mil pesos. Dejando de lado la dignidad, el respeto por sí mismos y la responsabilidad que tiene para consigo mismos y con los demás ciudadanos, pero sobre todo con ustedes ciudadanos del futuro que les dejamos mucho trabajo que hacer, pero también constancia de los errores cometidos en el afán de que ustedes no vuelvan a hacer lo mismo.

La falta de conocimiento nos nubló y en la necesidad de buscar cumplir los objetivos propios y pensar solo en nuestro propio porvenir nos olvidamos de trabajar en comunidad para el beneficio de todos. No le quisimos dedicar un tiempo en conjunto como sociedad para mejorar nuestro mundo, el mundo de nuestro tiempo. La forma más fácil de hacer un cambio social profundo y de mejorar las condiciones de vida de las personas era mediante el servicio público, sin embargo, cansados de traiciones, mentiras y falsas promesas nunca asistimos a un mitin, a una reunión vecinal o los informes de gobierno de nuestros empleados, servidores públicos. Creímos e imaginamos que si trabajábamos solos en nosotros mismos las cosas mejorarían desde esa trinchera y nos equivocamos.

Todo depende del servicio público, todo, y si peco de absolutista, entonces casi todo. Desde el precio de los alimentos, el precio de las gasolinas, las horas y contenidos de clases, lo que viene en los libros de texto y hasta las notas y noticias más absurdas dependen de las decisiones que tomamos en esta nuestra época, por todos nuestros errores pido que absuelvan a esta generación que los precedió.

X CALIDAD Y ESPACIOS DE VIVIENDA

Los domingos desde hace más de 15 años han cambiado para una cantidad muy grande de personas. Con la llegada de las antorchas campesinas al municipio y después con la aparición del CNOP, las personas están obligadas a acudir, como si fuera dogma, a las reuniones que se realizan para todos aquellos interesados en adquirir un terreno en cómodas facilidades. Las reuniones las realiza el encargado del comité, donde se cobran las mensualidades, por cierto, interminables para algunos, se habla de política y se toman acciones para mejorar las colonias populares.

Muchos habitantes del municipio se han visto beneficiados con la compra de terrenos en pagos muy accesibles, con el fin de tener un espacio digno donde vivir, una gran mayoría de estos desarrollos urbanos están abandonados, construcciones sin terminar, sin acceso a los servicios más básicos y en zonas de desarrollo muy pobres, sin embargo, la esperanza está puesta en que dentro de algunos años los terrenos serán propios y podrán construir sus espacios de vivienda.

Lo que la gente desconoce es que, en la mayoría de las ocasiones, por no decir en todas, son usados como instrumentos políticos en las campañas electorales. Sus líderes venden la idea al candidato más fuerte de que mediante un convenio adecuado tendrá los votos suficientes para llegar a la presidencia a cambio de no pocos favores que se cobrarán una vez llegado al poder. Mientras tanto, los compradores de estos predios sufren y seguirán sufriendo con sus espacios de vivienda.

Uno de los últimos indicadores que se toman en cuenta para determinar si una persona es pobre es precisamente este, la calidad y los espacios dentro de la vivienda y es nuevamente en este indicador donde nuestras autoridades quedan a deber. La gráfica a continuación muestra que en el año 2000 había más de 8,000 personas que no tenían ni calidad ni espacios de vivienda justos (CONEVAL, 2000). Lo cual provocaba hacinamientos en la casa de los padres, limitaciones en el desarrollo humano, así como múltiples problemas dentro de las mismas familias.

Para el año 2005 la cifra se redujo un tanto más, Ya que de las más de 8,000 personas sin acceso a una vivienda de calidad se logró la reducción en 1,796 habitantes con acceso a mejores condiciones de vivienda (CONEVAL, 2005). Por supuesto el mérito se lo llevan tanto la Licenciada como el Profesor que en esos cinco años lograron reducir este indicador.

Para el año 2010 el número de personas que se encontraban

en carencias de vivienda y calidad de ellos bajó a 2,967 habitantes (CONEVAL, 2010), nada mal para un periodo de gobierno que en la mayoría de los indicadores anteriores habían salido reprobados, aunque no tanto como sus colegas de otros periodos, pues los mejores resultados fueron en este periodo en casi todos los rubros. No significa por lo tanto que todo estuvo bien, pero es necesario darle el mérito a quien ejercieron el cargo durante ese lustro ya que fue donde los resultados hablan por sí mismos y la cantidad de personas que logró salir de la pobreza fue en este indicador de 3,882 habitantes. Hace falta trabajo y hasta este año 2010 el número de personas que aún carecen de calidad y espacios de vivienda era tan solo de 2,967, nada mal se podría pensar, sin embargo, la situación es totalmente mejorable. Los números para el siguiente lustro que se analizó fueron aceptables, logrando una disminución de 640 personas quedando en la cantidad era solo de 2327 personas (CONEVAL, 2018).

Nuevamente el número disminuyó y así como se critica los resultados adversos es necesario reconocer que en este indicador se obtuvieron resultados buenos en beneficio de los habitantes de este municipio. Las medallas se las colgarán los ediles si es que, dentro de sus planes de desarrollo, en sus políticas públicas y sobre todo a la hora de asignar el presupuesto que le hayan asignado para mejorar este indicador si es que, antes de la lectura tenían conocimiento de ello.

Por último, en el año 2020 la gráfica muestra que quedaban solo las 1,842 personas que no tenían espacios de vivienda digna, es decir que se logró la disminución de 485 personas carentes de este servicio (CONEVAL, 2020).

Los números demuestran que al menos en este indicador

las cosas han mejorado, sin embargo es necesario tanto aplaudirles a los ediles por sus números como precisar que el tema de las remesas ha beneficiado el tema de la vivienda más, mucho más que los gobiernos municipales, tanto que si se dice que de cada 10 habitantes que han mejorado sus condiciones de vivienda 9 han sido ajenos a las administraciones municipales y decir que la vida del uno por ciento de los habitantes se ha mejorado derivado de las políticas públicas fruto de la estrategia, el presupuesto, la visión y sobre todo las ganas de hacer el bien en beneficio de las personas sería faltar a la verdad. Si me equivoco es necesario que se presenten las pruebas de lo contrario.

Para hacer el análisis de este indicador es necesario mencionar que varios de los aspectos que se consideran dentro de este indicador, por ejemplo, las personas que no tienen vivienda propia. Sin embargo, es importante mencionar que dentro del domicilio existen los servicios básicos de la vivienda que no entran en el aspecto de la calidad y los espacios que son habitables como cuartos, cocinas y baños, sin embargo, otros datos que se toman en cuenta para hacer el análisis son, por ejemplo; si las viviendas tienen agua entubada dentro de sus hogares, si las personas cuentan o no con servicio de luz, que no tienen una lavadora, drenaje o refrigerador, entre algunas otras.

Gráfica 8 Calidad y espacios de vivienda.

FUENTE: Elaboración propia con datos de CONEVAL 2000, 2002, 2004, 2006, 2008, 2010, 2012, 2014, 2016, 2018 y 2020.

Para estos aspectos los datos que recaba el INEGI y el CONEVAL son distintos a los de la gráfica anterior y se establecen como los servicios básicos en la vivienda de los cuales la mayoría de las personas carecen de alguno de estos, y si bien es una realidad que los números han mejorado, también es una verdad que es inaceptable que en el siglo XXI existan personas que carecen de una letrina, que tienen que acarrear el agua e incluso pagar cantidades estratosféricas por ella, que les hace falta la luz o que las paredes de sus casas son de material de reúso.

Los programas sociales de la presidencia municipal han mitigado la carencia de servicios básicos dentro de la vivienda al igual que el sereno de mayo alimenta las raíces de las plantas prácticamente secas y necesitadas de una lluvia torrencial. De esta misma manera, los subsidios que se otorgan a los ciudadanos sirven de muy poco. Las fotos de los presidentes municipales entregando calentadores solares, pacas de lámina de cartón para los techos, una estufa de dos parrillas, carretillas, retretes y demás chácharas que, en realidad, o es muy poco el apoyo o es prácticamente nulo. Y en poco o nada benefician a la población, además de que nunca son gratis del todo y la cifra que aporta el ayuntamiento pocas veces es transparente.

Por su parte, los servicios básicos en la vivienda, que es otro rubro en el que no se pone especial atención por parte de los ediles, al no procurar servicios como agua potable, drenaje, luz, y demás condiciones para que la vida prospere, se deben tomar en cuenta para el presente análisis.

¿Qué sucede cuando una familia tiene carencias en los servicios básicos en la vivienda? Muy simple, su calidad de vida es diferente, sin acceso al agua, a los servicios de luz, sin computadora ahora que es muy necesaria y sobre todo sin acceso a internet en estos tiempos de la era digital, las cosas para una familia de siente integrantes se vuelven muy difíciles.

Sin embargo, esto es algo que pocos servidores públicos conocen y en su vida sufrieron estas carencias entonces, ¿Por qué no apoyar a los vecinos, amigos y a todos los habitantes de este municipio a mejorar sus condiciones de vida? ¿Por qué empeñarse en gastar el presupuesto de manera oculta, sin dar a conocer a ciencia cierta cuánto vale cada una de las acciones que se implementan por parte de las diferentes administraciones?

Gráfica 9 Servicios básicos en la vivienda.

Fuente: elaboración propia con datos de CONEVAL 2000, 2002, 2004, 2006, 2008, 2010, 2012, 2014, 2016, 2018, 2020.

Nuevamente el derecho de réplica es de cada uno de los servidores públicos, ojalá que hagan uso de él y que demuestren con pruebas y no con palabras o fotos en las redes sociales, que en sus administraciones sí se asignó presupuesto a mejorar la vivienda de los más desfavorecidos.

Preciso es mencionar que en las administraciones emanadas de izquierda existía una fábrica de block que era propiedad del ayuntamiento que tenía por objetivo brindar materiales de calidad y a bajo costo para quien lo necesitara, de antemano se aclara que no fue suficiente ya que las personas más desfavorecidas, las que tienen su casa con madera, cartón, con lonas, plásticos o con láminas recolectadas de la basura difícilmente les alcanzará para adquirir un millar de tabiques, después los agregados para la mezcla y pagarle a un albañil es algo que, muy difícilmente, y con grandes sacrificios lograrán. Sin embargo, como servidores públicos alejados de la realidad, sin conocer las necesidades de cada uno de los habitantes del municipio y aún más sin haber padecido esas mismas dificultades es muy probable que juzguen de fatalista al autor del presente escrito por la crudeza de los datos que aquí se vierte.

XI POBLACIÓN EN POBREZA EXTREMA

Una forma de ayudar es mejorando la vida de la gente que vive allí para que ellos formen parte del esfuerzo para proteger el mundo natural. La combinación de pobreza extrema con una población creciente lleva a la destrucción del medio ambiente porque esta gente está tratando de sobrevivir.

Jane Goodall

Hasta el momento se han analizado los diferentes indicadores que se deben considerar para determinar si una persona se encuentra en situación de pobreza. El Banco Mundial considera pobres a las personas que viven con menos de dos dólares al día, mientras que los que viven con menos de 1.25 dólares viven en pobreza extrema (Galindo & Ríos Bolívar, 2013).

Cuando una persona se considera pobre es porque, de las características enumeradas anteriormente, ingresos insuficientes, rezago educativo, acceso a la salud pública, acceso a la seguridad social, carencia en la alimentación y la baja calidad en los espacios de vivienda, tenía al menos una de ellas. Cuando en una misma persona están presentes tres o más carencias, se considera pobreza extrema, es decir que le falta comida en la mesa, los servicios básicos inexistentes en su domicilio o la falta de alguno de ellos, la educación escasa o nula y el acceso a los servicios de salud, es igualmente inaccesible para estas familias.

Nuevamente, personas con tres o más carencias sociales, de acuerdo con la definición que se establece por parte de los expertos, mencionan que una persona vive en pobreza extrema si tiene tres o más carencias sociales las cuales, de acuerdo con las cifras presentadas a continuación son de verdaderamente altas, mucho más de lo que se piensa e incluso mucho más de lo que se ve a simple vista.

¿Cómo están los números? Parecerán un tanto contradictorio ya que, en el año de 1995, que hasta este momento se contempla en el análisis con el único objetivo de ahondar más en el tema e identificar de manera más extensa el comportamiento de la pobreza extrema. Entonces, regresando a los datos para el año de 1995 el porcentaje de pobreza extrema en este longevo municipio era de 50.18% lo que significa que de cada dos habitantes de esta demarcación al menos uno tenía tres o más carencias sociales, es decir, la mitad de los habitantes estaban en pobreza extrema.

Para brindarle al lector datos más precisos. En el primero conteo que realiza el INEGI en el país los datos arrojan que para ese año 1995 había en Irimbo Michoacán una cantidad de 12,591 habitantes de los cuales 6,318 pobladores tenían tres o más carencias sociales. El estado por su parte se encontraba en un porcentaje más bajo con un 40.76% de pobres en su totalidad. Lo cual significa que el municipio quedaba por arriba del promedio del nivel de pobreza en el estado.

Los números cambiaron y en cinco años, los últimos del partido hegemónico en el poder, que con la llegada del nuevo siglo encontrarían su fin, al menos por los siguientes doce años. En el año 2000 el municipio de Irimbo recibió el siglo entrante con un porcentaje del 33.15% de habitantes en pobreza extrema lo que representaba un total de 4,053 personas en situación de carencias sociales que limitaban desde ese momento el desarrollo humano de la población (CONEVAL, 2005). La pobreza en esos cinco años se redujo en casi un 20%, los que es digno de admirar.

Mediante los programas sociales que se implementaron por parte de la licenciada que se encontraba en ese año en el poder como era la elaboración de drenajes, la pavimentación de carreteras, la ampliación de calles, entre otras acciones, se lograron reducir los números de este indicador y en conjunto con el profesor emanado de la izquierda municipal lograron dejar la cifra en 4,053 personas en pobreza extrema reduciendo este doloroso indicador en 332 persona en el lustro mencionado.

No es posible darle un reconocimiento por haber bajado el número de personas en pobreza extrema, además de que no tendríamos certeza de a quién entregarlo. Las políticas públicas, programas operativos y asignación de presupuesto no es posible conocerlos ya que el archivo municipal se encuentra vetado a la sociedad. Sin embargo, creo que sería irónico entregar un reconocimiento, tal como lo hacen otras instituciones por el número de personas que abandonan el rezago educativo como el caso de INEA. Se les aplaudiría porque en un año calendario lograron disminuir 66 personas de este indicador y estarán de acuerdo ambos ediles de ese lustro que es muy poco el número conociendo las necesidades de más de 4,000 vidas humanas que luchan cada día contra estas carencias.

Para el año 2010 los números cambiaron notablemente en favor de los más necesitados y después de dos gobiernos municipales y una importante gestión en el estado las cifras se ubicaron en 2,067 habitantes en situación de pobreza extrema logrando una disminución de 1986 personas que salieron de tener tres o más carencias sociales a tener menos de tres (CONEVAL, 2010). Es decir que la situación económica de un importante número de la población logró obtener mejores condiciones de vida.

Las acciones, los beneficios, la designación de presupuesto o las ayudas sociales quedarán registradas en los libros de actas y en los presupuestos municipales y los ediles de esos 5 años, así como sus colaboradores deberán estar orgullosos de ello si es que pueden atribuirse el mérito de los resultados. Es importante aclarar que durante los años del 2002 hasta el año 2012 el estado de Michoacán estuvo gobernado por el partido nacido de izquierda, el casi extinto PRD, los gobernadores Lázaro Cárdenas y Leonel Godoy que tomaron el estado en un 25.42% de personas en pobreza extrema en el año 2000 dejando hasta el año 2010 en un 13.5% logrando disminuir la pobreza extrema en casi la mitad de los habitantes (CONEVAL, 2010).

El municipio se vio beneficiado por las acciones y la forma de gobernar de la izquierda estatal, los resultados del ejercicio gubernamental en el estado beneficio a los habitantes del municipio y por lo tanto apoyaron a la gestión de los ediles de este periodo. No todo fue malo en este periodo incluso fue en el que mejores resultados se entregaron en los 20 años motivos de este análisis. Pero es necesario dar el crédito a los buenos gobernantes y a los resultados que demuestran en sus gestiones.

Para el año 2015 las cifras muestran un comportamiento contrario, cuando las cifras se encontraban con 2,434 habitantes que estaban en ese año en pobreza extrema (CONEVAL, 2018). Es decir, con tres o más carencias sociales de las enumeradas con antelación. Los números cambiaron y los responsables de tal situación fueron, sin duda, los administradores municipales, principalmente, el desfile de gobernadores que pasaron del 2012 al 2015 por parte del PRI y por supuesto el gobierno federal del licenciado Enrique Peña Nieto, ¿quién cargará con más responsabilidad? ¿quién hizo las cosas bien y quién no? ¿quién se salva de los tres niveles de gobierno? El presente escrito señala entonces a la administración municipal, que es de quien se realiza el estudio, sin embargo, a los demás no los dejamos fuera de la crítica y en su momento se mencionarán también los resultados.

Iluminemos un poco la situación política que costó la calidad de vida a 367 personas que nuevamente perdieron sus privilegios y sus posibilidades de una vida mejor. En el año 2012 llega a la presidencia de la República Enrique Peña Nieto y con la campaña mediática que se promovió a su favor llevó a los puestos de presidentes municipales, diputados locales y federales, gobernadores y senadores a muchos personajes impresentables, que aprovechándose de esta situación acudieron como hampones a las arcas públicas y dejaron vacías las finanzas del país en perjuicio de muchas personas y en beneficio de unos pocos.

A nivel estatal ganó la gubernatura Fausto Vallejo Figueroa quien, derivado de la forma y los medios por los que llegó al poder gobernó en interinatos, apoyado por otros personajes, muchos de los cuales tienen cuentas pendientes con la justicia mientras que otros ya están en manos de la misma, para al final de su mandato el candidato de la F dejara la dirigencia del estado y desaparecería de la vida pública del país.

En el municipio de Irimbo se aprovechó la ola de popularidad y apoyo de los medios, un ciudadano que llegó al poder por primera vez con la ayuda de una alianza del tamaño del PAN y PRI en el municipio. La mafia del poder de la que tanto habla el primer presidente de la República de izquierda se consolidó, se trabajó y obtuvo resultados desde el 2012 en este pequeño municipio. Los resultados son los siguientes:

Las cifras se incrementaron y de 14.0% que se encontraban en 2010, pasaron a un 16.0% en 2015 retrocediendo en los resultados entregados en las administraciones pasadas (CONEVAL, 2018). El trabajo de las personas comprometidas en cada uno de los periodos que ha pasado por este municipio. El trabajo de algunos pocos ediles, de funcionarios de los tres niveles de gobierno que, aun que producen pocos resultados, sin embargo, y es preciso mencionar, en todas las administraciones y en todos los partidos existen personas que de verdad quieren hacer un cambio. Sin embargo, las cosas para la gran mayoría se tratan de solo sustraer recursos de la administración pública, elevando los costos de las obras, maquillando las cantidades, evitando los programas sociales, negando recursos a los desposeídos, evitando con ello que las personas tengan una vida digna y mejores posibilidades de cambiarse a sí mismo para cambiar de esta manera al mundo.

Pues bien, con los resultados principalmente del gobierno municipal que quedó a deber a los irimbenses y con las pocas políticas públicas del gobierno estatal y federal se logró que 367 personas pasaran quizás de ser pobres a tener pobreza extrema. Pasaron de tener una carencia social a tener tres o más y lo mismo sucedió en los demás indicadores. No es necesario tener un doctorado en políticas públicas y en gobernanza política, mucho menos es necesario ser un erudito en matemáticas o en alguna área de las ciencias sociales para determinar qué presidente municipal de los que han gobernado a nuestra gente ha hecho un buen o mal trabajo, de la misma manera que se percibe el ejerció estatal y federal, con solo que las personas hayan vivido la mayor parte del tiempo en este país se alcanza a comprender mucho.

Los programas sociales, la distribución de los recursos y la forma en la que muchas personas cambian de estrato social ya sea a favor o en contra de la pobreza se perciben sin la necesidad de las famosas fotos de las redes sociales, sin los discursos larguísimos en los informes de gobierno o las promesas incumplidas. La gente siente en la piel cuando está siendo engañada o apoyada por el servidor público que prometió con la mano levantada que cumpliría y haría cumplir la Constitución. Todo lo demás carece de sentido.

De esta manera los gobiernos priistas del año 2012 en delante de los tres niveles de gobierno le quedaron a deber al pueblo, al país, a Michoacán y por supuesto a Irimbo tanto así que en el rostro de la gente se observa la vergüenza, el coraje reprimido y las ganas de gritarles en su cara todo lo mal que hicieron en su gobierno, sin embargo, el pueblo bueno y respetuoso se guarda los reclamos y a la hora de las elecciones cobra las facturas pendientes, si no lo creen o imaginan que miento revísense los resultados del 2015 para los gobiernos municipal y estatal y la elección federal del 2018 para presidente de la república y obsérvese que la gente tiene memoria, no olvida y por supuesto no perdona. Prueba de más está la elección del 2023 en el Estado de México donde los habitantes de ese estado, estafó a los estafadores y lograron un cambio al menos de partido, pero las cosas no terminan ahí, la victoria del 2024 del máximo líder de la izquierda nacional quedará para la historia.

Para el año 2020 los resultados volvieron a ser positivos y del total de 2,493 personas que se encontraban en pobreza extrema se logró la reducción de 541 habitantes (CONEVAL, 2020) que pudieron sonreírle a la vida al tener otras posibilidades de desarrollo; los números fueron excelentes y aunque debe reconocerse que se lograron grandes resultados aún hay una deuda con esos casi 2,000 habitantes que se encuentran en tan lamentable situación.

Los números para el año 2020 fueron aceptables, y de 2,434 personas en pobreza extrema cinco años atrás, se redujo a 1,893 habitantes con esas características logrando que 541 personas pudieran tener una mejor condición de vida es algo que debe aplaudirse (CONEVAL, 2020). Sin embargo, para la totalidad de habitantes en pobreza extrema que representa un 11.8% eso es lamentable.

¿Quién fue el responsable de tal disminución? ¿A quién se le debe dar el mérito por los números arrojados en este trienio? ¿Será posible que vuelvan a gobernar después en otro partido quizás? Quizás fue al gobierno municipal izquierdista del periodo 2015-2018, trienio en el que se logró una inversión histórica en el municipio gracias a la gestión del diputado federal y a que el presidente municipal encontró vínculos con muchos otros diputados, pero su gestión quedó a deber en muchos aspectos pues la administración de los recursos públicos y la forma de destinarlos en beneficio de los más pobres fue una utopía que quedó únicamente en los 45 días de la campaña.

Mencionar que fue la administración del 2018-2021 sería faltar a la verdad pues a menos de un año que se fuera el gobierno anterior y los ciudadanos ya lo extrañaban admirando la desfachatez, deshonra y presunción de los nuevos servidores públicos. Del gobierno estatal con sus obras fantasma y sus contratos arreglados mejor nos ahorramos la tinta.

Pero el gobierno federal que inició las gestiones en el año 2018 sí hay mucho que hablar pues desplegó una serie de programas sociales en beneficio de los más necesitados. La lucha fue enorme y aun a pesar de la gran cantidad de contrariedades los resultados están a la vista y prueba de ello es el precio del dólar al día de hoy es de 16.98 pesos y seguirá bajando. Quien guste debatir lo contrario estoy abierto a ello. Los resultados en cuanto al indicador de la pobreza extrema son muy alentadores y al parecer la tendencia de los números es a la baja, lo cual es esperanzador para la gente más humilde. Sin embargo, al gobierno municipal le hace falta mucha sensibilidad para poder cambiar el rumbo de las cosas.

Nuevamente los resultados, no derivados de las políticas sociales de los servidores públicos municipales, en este caso la cifra se incrementó porque aumentó el número de habitantes, y es necesario aclarar que, si los números se han reducido, nunca a menos de los mil habitantes. Sin embargo, el porcentaje que representaba un total de 2,434 personas, uno, casi dos personas de cada 10 habitantes en pobreza extrema, no tienen agua, no tienen luz, no tienen buenas condiciones de vivienda, no tienen para comer o alguna de las tantas carencias que se mencionan en el transcurso de la investigación. Dos de cada diez, es alarmante, es insultante y por supuesto que es difícil para las personas que viven en estas condiciones.

Las cifras se han reducido durante estos casi 25 años, y es un hecho que en el apéndice que se publique después del censo del 2025 los números serán, si no iguales, al menos no muy diferentes. Alarmante sería que los números fueran escandalosos, mucho peor y reprobatorio para el ayuntamiento actual, que le quedan dos años de trabajo, quizás otros tres, y que sus políticas públicas y sus programas sociales carecieran de todo sentido social.

Los resultados del gobierno federal serán un bote salvavidas para muchas administraciones tanto estatales como municipales, pues mediante los programas sociales se está atacando el corazón de la pobreza y las causas que mantienen a nuestro país en vías de desarrollo tal como lo presenta el mismo consejo en su informe de agosto (CONEVAL, 2023). Aclaro que, menciono país y no municipio porque, espero quede sobreentendido que, mediante el correcto uso y administración de los recursos públicos municipales, que no ha sucedido hasta la fecha en muchos lugares, se puede mejorar el país entero. Para una mejor ilustración de las cifras presentadas en este indicador, se muestra a continuación una gráfica.

Gráfica 10 Pobreza extrema en el municipio de Irimbo.

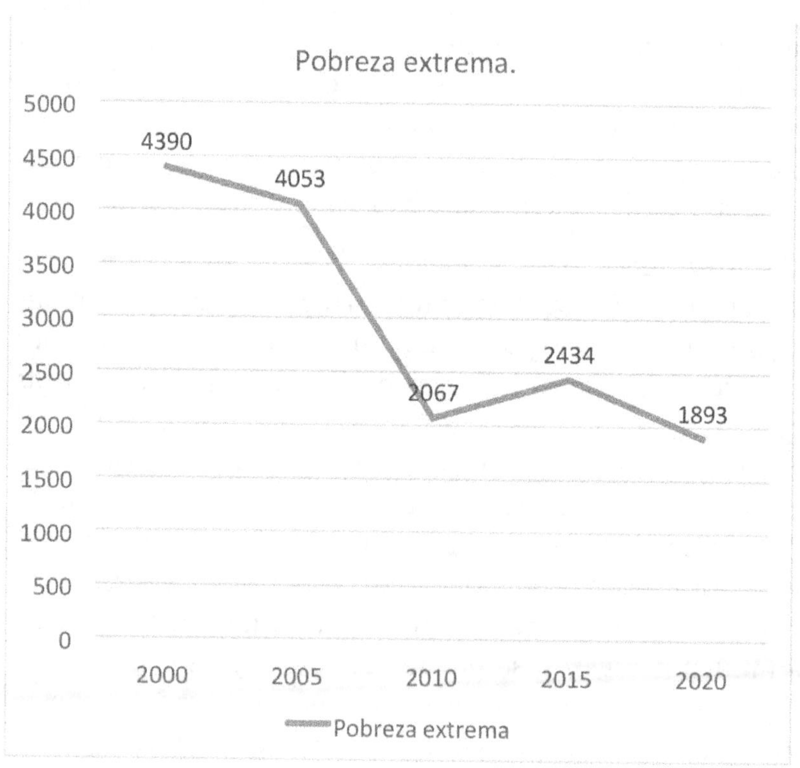

Fuente: elaboración propia con datos de CONEVAL 2000, 2002, 2004, 2006, 2008, 2010, 2012, 2014, 2016, 2018, 2020.

Deberemos felicitar a la mayoría de los ediles que han gobernado el municipio, ya que en 25 años se ha logrado la reducción de los habitantes en las condiciones más vulnerables que habitan de nuestra demarcación, sobre todo a los del partido tricolor. Sin embargo, los reclamos, las críticas y los reproches deberán ser una constante que les recuerde a nuestros expresidentes municipales que siempre pudieron hacer más.

Que, en 25 años, no se haya podido erradicar la pobreza extrema, el analfabetismo y los indicadores que limitan el crecimiento y las aspiraciones de una mejor vida de los habitantes es un peso con el que deberían cargar durante toda la vida en su memoria. Más aún cuando están conscientes de que las políticas públicas de su gobierno limitaron el correcto desarrollo de la sociedad. En cada uno de los servidores públicos quedará el orgullo del buen trabajo realizado o la vergüenza de salarios cobrados sin trabajar, los diezmos en la obra pública y las sobre todo la falta de visión para generar acciones de gobierno en favor de las clases sociales más sensibles.

Aquí sería necesario recordar una célebre película donde el personaje principal, un alemán perteneciente a la Liga Nazi que, sin embargo, puso su fortuna, recursos, tiempo e incluso su propia vida en riesgo para salvar vidas humanas que, de acuerdo con la ideología de su partido eran sus enemigos, los que debían esclavizar y matar, él sin embargo actúo diferente perdiendo toda su fortuna en tan noble tarea. No conforme con los resultados y una vez que llegaron las fuerzas de los aliados a liberar a los prisioneros, él, reunido con los que deberían ser sus enemigos, que, sin embargo, logró salvar, se rompió en llanto reprochándose: ¿Por qué no hizo más? ¿Por qué no vendió sus coches, sus abrigos, sus botones? Para salvar más vidas. Después de todo lo que hizo no estaba conforme.

Los presidentes municipales que han gobernado deberían hacer un examen de conciencia y replicarse la falta de acciones o felicitarse por su buen trabajo, el pueblo, tengan por seguro que no lo olvidará.

XII OTROS RUBROS CARENTES DE APOYO

Aparte de todos los indicadores que se estudiaron páginas atrás, hay otras muchas áreas que se han dejado olvidados por parte de los ayuntamientos durante los 25 años del presente siglo. Recordando, con los números y las cifras en las manos, que solo los tres gobiernos emanados de la izquierda municipal son los que han dado resultados en cada uno de los indicadores ya mencionados y rescatando a la única mujer que, los números lo advierten con un trabajo pulcro.

De la misma manera, en todos los demás aspectos los resultados han sido los mismos en las otras áreas. En el tema del campo no se ha generado una acción o políticas públicas en favor de la gente. No se hacen más cosas que entregar abonos, algunos apoyos con maquinaria, pocos proyectos de impacto en el sector económico más importante del municipio.

El apoyo a los estudiantes es otro rubro que se ha dejado de lado. Ya se ha mencionado que son otros los datos sobre el rezago educativo como producto de la falta de apoyo a la educación.

La industria está abandonada, los adultos mayores que tanto los citó en la pasada administración están olvidados, prueba de ello es la casa del adulto mayor en Irimbo que aún después de años sigue sin quedar lista para operar. La industria y el comercio han quedado relegados al olvido, como todas las demás áreas que se han mencionado, el turismo ha quedado rezagado, los apoyos o las políticas públicas en favor de cada una de las áreas mencionadas han quedado enterradas en el fondo del presupuesto y no logran salir de la pila de papeles que tienen mayor prioridad que los aspectos ya mencionados.

El cabildo municipal está compuesto por nueve personas las cuales, de acuerdo con la ley orgánica del estado de Michoacán (Gobierno del Estado de Michoacán, 2021) se dividen entre los nueve integrantes del cabildo. Desde las que preside la encargada de despacho, de las cuales solo le asignan recursos a la seguridad pública, las otras tres ni existen en Irimbo. Sindicatura se queda con otras tres que tampoco están presentes a la hora de elaborar los POAs año con año.

Las demás comisiones quedan olvidadas y sin presupuesto, empoderando únicamente a las comisiones de desarrollo urbano y obra pública. Es verdad, se acuerdan de la mujer cada 8 de marzo, de pronto de la cultura y cuando el estado marca la pauta hacen eventos de salud, de los jóvenes, de cultura de vez en cuando y de asuntos indígenas solo en la celebración de la congregación, es decir, todo, con excepción de la comisión de obra pública está olvidada, ¿Cuándo un municipio, una región, estado o país prosperará si abandona y relega muchas otras áreas importantes al olvido?

está olvidada, ¿Cuándo un municipio, una región, estado o país prosperará si abandona y relega muchas otras áreas importantes al olvido?

XIII CRECIMIENTO ECONÓMICO EN MICHOACÁN

El análisis de una parte muy reducida del estado Michoacano deberá arrojar luz sobre la situación que se vive en el estado, así como en el país. De esta manera, deberá entenderse que las acciones, las políticas públicas, las decisiones, el reparto del presupuesto y la forma en que se conducen los gobiernos municipales afectan o benefician a los gobiernos estatales y, por consiguiente, a todo el país. También los resultados son contrarios a lo mencionado anteriormente, si al estado le va bien y hay crecimiento económico entonces en los municipios las cosas cambiarán para bien. "Los principales resultados sugieren que el crecimiento económico estatal es un factor relevante para la reducción de la pobreza" (Díaz Carreño & Herrera Rendon-Nebel, 2022). Sin embargo, la tesis que se defiende en este escrito pugna por un crecimiento microeconómico municipal para que, de esta forma el estado se vea beneficiado.

En este primer momento se analizarán los resultados que se han obtenido a nivel estatal durante los últimos 25 años, se mencionarán los nombres de los diferentes gobiernos que han transitado durante la gestión pública del estado, así como los resultados que se han obtenido en el combate a la pobreza y la pobreza extrema sin ahondar en los diferentes indicadores que se mencionaron en el análisis municipal para evitar redundancias en el estudio presentado.

El análisis de la pobreza inicia en el año 2000 cuando el Partido Revolucionario Institucional dirigía los destinos del estado con el gobernador Víctor Manuel Tinoco Rubí, el cual trabajó durante el periodo comprendido entre 1996 y el 2002. Durante ese periodo, en el cual se dio la transición en el gobierno federal y llegó a la presidencia de la república un partido de oposición que prometía cambios en el país.

Durante ese periodo la situación en términos de la pobreza se analizaba en tres rubros: la pobreza alimentaria, la pobreza de capacidades y la pobreza de patrimonio, los cuales en términos de porcentaje se encontraba en 31.6%, 36,6% y 61.6% respectivamente.

Lo anterior representa cantidades de personas realmente escandalosas, estratosféricas y lamentables, ya que es inconcebible que un total de un millón doscientos cincuenta y nueve mil cuatrocientos setenta y una personas que no tenía comida suficiente en la mesa para cubrir los requerimientos nutricionales necesarios para un desarrollo óptimo.

El siglo XX se terminó con un alto porcentaje de personas que no lograban cubrir los requisitos necesarios en cuanto al indicador alimentario que tan importante es en la vida del ser humano.

Del total de las personas en pobreza alimentaria en el estado, el municipio de Irimbo aportó en el año 2000 un total de 6,653 personas (CONEVAL, 2000). Esto refleja que un número considerable de los habitantes de un municipio pequeño, en el cual casi la mitad de las personas se encontraba sin comida en la mesa, mientras que en el estado tres de cada diez habitantes se encontraban con esta precariedad.

Los números colocan en una situación más desfavorable al pequeño municipio del oriente con un porcentaje aún mayor que el estado dejando en claro que las personas que estuvieron al frente de la demarcación municipal no construyeron las políticas públicas necesarias y pertinentes para apoyar a sus conciudadanos condenando a estos en la entrada del nuevo siglo con la preocupación de llevar la comida a la mesa de su hogar.

Ahora bien, ¿qué hubiera sucedido si en una parte tan pequeña del estado que no representa ni el 5% de la población, se hubieran tomado acciones en contra de la pobreza alimentaria? ¿En qué situación se encontraría el estado si el municipio de Irimbo y sus servidores públicos hubieran hecho las cosas de diferente manera?

Ahora, imaginemos que en cada uno de los 113 municipios del estado las acciones tomadas fueran en beneficio de la población. Porque es una realidad que, en el estado y en cada uno de los municipios las acciones tomadas no fueron las adecuadas hasta el punto de que había más de 1,250,000 personas en situación de pobreza alimentaria, aportando cada uno de los municipios su cuota de habitantes en carencia alimentaria, incrementando así la cantidad de personas que en el estado estaban sufriendo por no tener los alimentos suficientes.

Con respecto a la pobreza de capacidades y la pobreza de patrimonio en el estado la situación estaba muy lamentable de igual manera, pues en cuanto a la primera el porcentaje se encontraba en 39.6%, mientras que la pobreza de patrimonio estaba más de la mitad de la población con 61.6 % con un total de 2,455,171 habitantes, mientras que la pobreza de capacidades era un total de 1 578 524 habitantes que no contaban con los lineamientos básicos requeridas según el estudio.

De acuerdo con la siguiente gráfica se observan los tres indicadores diferentes que se mencionan y que son motivo de análisis en este apartado. Se hace la comparación únicamente en los años 2000 y 2005 con la pobreza alimentaria, pobreza de capacidades y pobreza de patrimonio (CONEVAL, 2005).

Para el año 2005 con la llegada de la izquierda nacional al estado, representada por el heredero del Generalísimo Cárdenas y de la mano del Partido del Sol, la situación mejoró para el estado y las cifras disminuyeron considerablemente en favor de la gente. Con respecto a la pobreza alimentaria se logró una disminución de 8.3 % lo que representa un total de 654 229 personas en mejores condiciones nutricionales en el estado. Una cifra por demás importante y considerable que logró mejores condiciones de vida para los habitantes del estado purépecha.

Gráfica 11 Población en situación de pobreza en Michoacán.

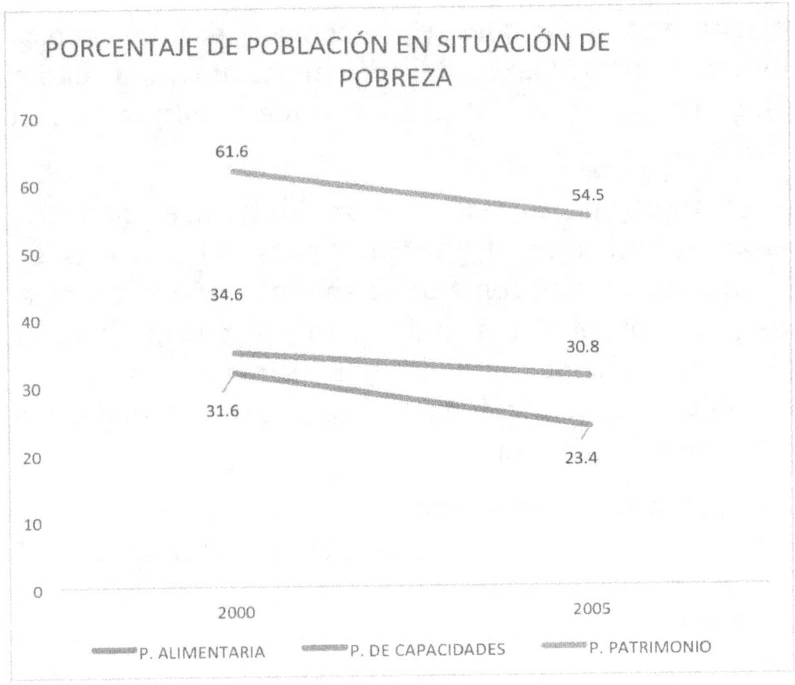

Fuente: elaboración propia con datos de CONEVAL 2000, 2005.

En cuanto a la pobreza de capacidades se logró la reducción de 3.8% lo que representa un total de 356 774 personas, mientras que en la pobreza de patrimonio se redujo un 7.15 lo que se traduce en 293 661 habitantes que lograron acceder a vivienda propia y mejores condiciones de vivienda.

Los resultados en este aspecto determinan en éxito del gobierno de izquierda que en pocos años lograron revertir los números tan lamentables para el estado Michoacano. Los cuales heredados por años de gobiernos derechistas y determinados por la falta de democracia y de ideas propias sumieron uno de los estados más importantes, en cuanto a historia, recursos naturales y riqueza cultural, en la pobreza.

Importantes y plausibles los resultados hasta el año 2005, pero, sin embargo, insuficientes pues las personas en precariedad seguían contándose en números importantes. Los gobiernos venideros tendrían un gran reto que realizar y las innovaciones necesarias para cambiar el rumbo de los habitantes, analicemos si lo consiguieron los siguientes próximos gobernadores.

En la gráfica siguiente se logra observar el comportamiento que tuvo la pobreza en el estado de Michoacán y al compararla con el crecimiento económico y la lucha contra la pobreza en el municipio de Irimbo se observa que la línea se comportó de una manera muy similar. Por su parte la situación política, en ambas regiones motivo de estudio fue muy similar, pues cuando ganó un presidente municipal de cualquier partido político también se acompañaba de un congreso y de un gobernador con ideología política similar.

De esta manera se observa que para el año 2008 cuando aún gobernaba el Partido del Sol con el Ingeniero Lázaro Cárdenas Batel, el porcentaje de pobreza era de 54.6% con una población total de más de 2,000,000 de personas siendo parte de esta situación tan difícil en el desarrollo humano (CONEVAL, 2018). Éramos, pues, un estado empobrecido, donde más de la mitad carecían de lo necesario para el buen vivir. Los programas sociales federales, ausentes en su mayoría, dificultaban la administración estatal. Mientras que, municipalmente después del 2005 quedamos en manos de la administración priista, entregando resultados adversos pasando su trienio de gobierno prácticamente con más penas que glorias sumiendo nuevamente el municipio, motivo central de este estudio, en la miseria y la degradación social.

El porcentaje de personas en pobreza extrema se encontraba en un 14.7% lo que representaba un total de 5,900 de personas con tres o más carencias sociales. Los resultados de la administración estatal estaban rindiendo frutos, sin embargo, aún era muy considerable el número de personas que nacían pobres, crecían pobres y por consiguiente morían pobres. Los resultados eran magros y si se plantearon en alguna ocasión disminuir drásticamente la pobreza, tanto extrema como pobreza simple, fueron los gobiernos estatales ya que los municipales no tenían, ni tienen, me atrevo a decir con total seguridad, los números de las personas que en nuestro municipio se encuentras en situación de precariedad.

Los gobiernos municipales deberían darse a la tarea de identificar, mediante un censo elaborado en cada municipio, a cada una de las personas que requieren los diferentes apoyos, en situación de pobreza alimentaria, con rezago educativo, con pobreza de patrimonio, laboral, social e incluso, muy atrevidamente, pobreza emocional, entre muchas otras carencias de las que sufre la humanidad. Identificar estos sectores de la sociedad, ubicarlos geográficamente y a partir de ello diseñar las políticas públicas necesarias para sacarlos adelante mejorando sus condiciones de vida, esa debería ser la meta de todo ayuntamiento.

De esta manera se trabajaría de manera indirecta en los números del estado y por consecuencia en las cifras nacionales, sin embargo, los resultados son totalmente diferentes y la culpa de ello recae en la forma de hacer política tan vieja, arcaica y llena de vicios que hace imposible el avanzar como sociedad. La forma de elegir a nuestros representantes debe cambiar drásticamente, así como los perfiles que ocupan los honrosos cargos públicos, ya que de otra manera pocas esperanzas tenemos como sociedad de trascender.

Para el año 2010, los resultados que cosecharon los gobiernos Perredistas, tanto en el estado como en el municipio, fueron dignos de destacar en toda la nación a lo largo de los años, pues fue en ese año cuando los números tuvieron una de sus mejores versiones y donde los resultados hablaron más que los discursos (CONEVAL, 2010).

En cuanto a la población en situación de pobreza, se logró un resultado de 54.7% con un ligero aumento de la población derivado del crecimiento mismo de esta, más que de las personas con carencias sociales, es decir, disminuyó el porcentaje mientras que aumentaba el número. En cuanto a la pobreza extrema el promedio era de 13.55, disminuyendo 1.2%, mostrando una tendencia a la baja, contrastando con los resultados que se entregaban en tiempos de los gobiernos del PRI y para muestra es necesario analizar el siguiente periodo recopilado por el CONEVAL.

Para el año 2012, los resultados fueron adversos siendo que eran el primer año del regreso del PRI a la presidencia de la república el cual, además de llevar a uno de los presidentes más vacíos en toda la historia del país, también logró recuperar la mayoría de los estados, congresos locales, la Cámara baja y alta, así como un gran número de presidencias municipales con personajes que nunca volverían al servicio público.

Fue precisamente el regreso del PRI a Palacio Nacional lo que marcó la debacle de ese partido al firmar el famoso pacto por México, que promovería una serie de cambios estructurales y reformas en perjuicio del país y por supuesto de la gente. Fueron las acciones tomadas por los partidos neoliberales, así como de unos cuantos traidores del partido nacido de lo que terminaría con la desaparición del partido más antiguo del país a que, a la fecha de la elaboración del presente estudio gobierna solo dos estados del país, y eso en alianza con los mismos partidos cómplices del saqueo de nuestra república.

Tal como se observa en la gráfica siguiente la tendencia se incrementó en la pobreza extrema y por supuesto que en la pobreza municipal en todos los rubros. Es necesario recordar que en ese sexenio la generación de gobernadores Priistas que se presumía en una famosa foto con el presidente electo muchos o estaban prófugos, en la cárcel o jamás en su vida volverán a ganar una elección, la gente recuerda y los servidores públicos actuales del partido más grande de México deberían regresar la mirada al pasado para identificar las acciones y la forma de servir de los que un día se presumió como el nuevo PRI, hoy el casi extinto partido en manos de su dirigente nacional.

Los números para el 2014 fueron aún peores con un aumento de casi 5 puntos porcentuales en la línea de la pobreza, lo que representó una cifra alrededor de 300,000 personas abrazadas nuevamente por la pobreza (CONEVAL, 2018) regresando, en muchos de los casos a las situaciones de precariedad y miseria en la que anteriormente se encontraban.

En lo que respecta a la pobreza extrema la cifra logró reducirse en 0.4%, logrando sacar de la pobreza extrema un número aproximado de 84,000 habitantes que pasaron de tener tres o más carencias sociales a menos de tres, una disminución considerable hablando objetivamente y sin restar méritos a los trabajos del partido más longevo de la historia que, sin embargo, quedó a deber en los demás rubros motivo de análisis.

Durante los años 2012 y 2014 los números aumentaron únicamente para bajar hasta la llegada de la izquierda al Gobierno de Estado y por consiguiente a muchos municipios incluido el municipio de Irimbo. Con el regreso de la gente del pueblo electa democráticamente por sus conciudadanos, la situación, en tan solo año y medio se tradujo drásticamente en resultados positivos y el gobierno del estado representado por el ingeniero Silvano Aureoles entregó buenos números, al menos en esos años, en combate a la pobreza reduciéndola en varios puntos porcentuales. Así se logró una disminución de 3.9% en los primero dos años de su gobierno en el indicador de la pobreza bajando de 59.2% a 55.3% y disminuyendo un 4.6% en pobreza extrema, disminuyendo de 14.0% a 9.4%, logrando que varios miles de personas aspiraran una mejor calidad de vida.

Sin duda alguna fue época de bonanza y crecimiento en favor de los más desfavorecidos; lástima que el ingeniero fue tocado por el poder y cegado por su ambición de más y aunque los números tuvieron una tendencia a la baja, poco a poco se descubrirían sus innumerables fraudes, su forma de tratar a la gente, aventando profesores que protestaban y alineándose con quienes en 2018 serían sus aliados y compañeros de causas, unas causas muy diferentes a las del pueblo por el que tanto tiempo luchó y se desgarró las vestiduras para terminar siendo uno más del montón, un prófugo de la justicia hasta el momento, cuando bien pudo ser el aspirante a la presidencia de la república si hubiera seguido los principios del partido promotor de la cuarta transformación de no robar, no mentir y no traicionar.

Las cifras para el año 2018 bajaron nuevamente en lo que respecta a la pobreza multidimensional, pasando de recibir la administración con una población michoacana que tenía un promedio de 2.5 carencias por habitante a disminuirla a 2.3 carencias por habitante, es decir, muy poco (CONEVAL, 2018). La cifra que sí se marcó considerablemente fue el número de habitantes que se encontraban en tan difícil situación reduciendo el número a un total de 19,500 habitantes que abandonaban la pobreza con mejores condiciones de vida.

En lo que respecta a la pobreza extrema, la cifra logró reducirse casi por la mitad y de 9.4% se redujo a 5.3% logrando disminuir el número de personas en 187,600 habitantes obteniendo los mejores números en la historia del estado y con la esperanza que de continuar con esos datos el prestigio y la reputación del entonces gobernador michoacano lo hubiera colocado en una situación inmejorable para aspirar fuertemente a otros cargos mayores que no figuraban aún en su currículo. Lamentablemente los favores se tuvieron que pagar y se volvió en contra de sus principios y las causas que tanto defendió criticando fuertemente al gobierno del electo presidente de la república y siendo parte de una alianza que llevaría a su partido y sus allegados a ser parte del olvido en el servicio público o señalados por múltiples causas, algunas de ellas observables a simple vista y muchas otras sin los sustentos legales necesarios para hacer que proceda la ley.

La situación empeoró considerablemente para el 2020, y los números marcan lo que fue el final de la administración Aureolista tirando a piso los resultados entregados en una aceptable administración, permitiendo el señalamiento y las críticas, y dando argumentos suficientes para señalar su trabajo de seis años, bueno en una gran parte de su periodo, desastroso al final de su gobierno en todos los aspectos posibles de analizar.

Así por ejemplo los números para el 2020 a tan solo un año de las elecciones para elegir al siguiente gobernador eran sorprendentes, porque los números contrastaban con los resultados obtenidos en los primeros cuatro años de gobiernos (CONEVAL, 2020). La pobreza porcentual disminuyó 1.7% logrando rescatar a 19,500 personas de la pobreza solo para que en lugar de tener mejores condiciones de vida fueran peores ya que el número de habitantes en pobreza extrema llegó a 7.6% aumentando en 2.3% con lo que el número de habitantes en pobreza extrema aumentó en 116,000 personas en tan dos años. Si los números no reflejan la calidad de las decisiones tomadas en el último periodo del gobierno Aureolista entonces necesario será consultar las investigaciones abiertas en su contra, las denuncias a su gobierno y sobre todo el sentir de la gente.

Gráfica 12 Población en pobreza y pobreza extrema en Michoacán.

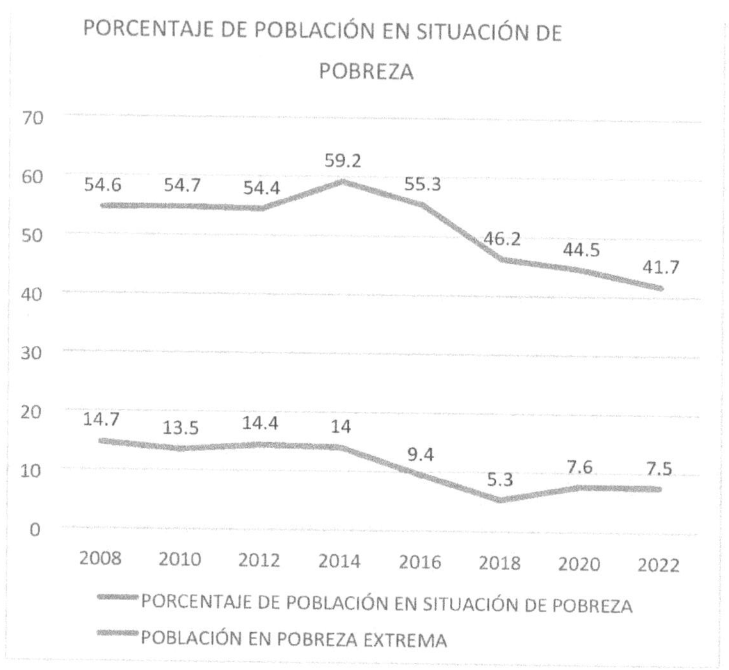

Fuente; elaboración propia con datos de CONEVAL 2008, 2010, 2012, 2014, 2016, 2018, 2020, 2022

Ya para la medición del 2022, que se publicó en el mes de agosto del 2023 (CONEVAL,2024) los resultados fueron sumamente satisfactorios, pues en dos años de gobierno Morenista en la entidad y respaldado, sobre todo, por el buen trabajo del Gobierno Federal se logró la reducción de la pobreza y la pobreza extrema en beneficio de los más vulnerables del estado.

Así, en el primer indicador se observa desde el año 2018 una disminución de la pobreza como nunca antes en la historia del estado y, es necesario aclararlo, las políticas públicas que se implementan desde Palacio Nacional lograron en tan solo cinco años sacar de la pobreza a casi doscientas mil personas en condiciones de precariedad, solo en el estado de Michoacán.

Con respecto a la pobreza extrema se redujo en porcentaje más, sin embargo, se incrementó en un número de 8,300 habitantes del estado la cantidad de personas que carecen de tres o más indicadores necesarios para tener una vida de calidad (CONEVAL, 2023).

Michoacán ha sido centro de eventos trascendentales para el país, así como la cuna de origen de grandes pensadores que han logrado las leyes de reforma de Melchor Ocampo, la nacionalización de la industria petrolera en manos de Lázaro Cárdenas, el nacimiento de un partido alterno a los que existían hasta la década de los 80s, entre muchos otros eventos que afectaron la vida nacional; sin embargo, es uno de los estados más pobres del país, los gobiernos de izquierda han logrado grandes avances los cuales son eclipsados por las malas administraciones de gobiernos neoliberales. Corresponde a los michoacanos tomar mejores decisiones a la hora de elegir a nuestros futuros servidores públicos.

XIV DISMINUCIÓN DE LA POBREZA A NIVEL NACIONAL

El clima económico en el país no ha sido muy diferente de lo analizado hasta este momento en el municipio de Irimbo y en el estado de Michoacán. Las gráficas motivo de análisis, reflejan un comportamiento muy desigual en cuanto al reparto de la riqueza en todo el país. Así, por ejemplo, en el periodo de gobierno del presidente Vicente Fox se observa un claro descenso de las diferentes modalidades de la pobreza. Queda claro que, aunque los números advierten de un buen trabajo en favor del pueblo de México, pues en 6 años se logró una clara disminución de la pobreza de patrimonio, recibiendo este indicador en 53.6%, logrando disminuir la pobreza patrimonial en once puntos porcentuales.

La pobreza de capacidades se redujo en un 11.1%, mientras que la pobreza alimentaria disminuyó en un 10.3%, logrando resultados aceptables en materia social que, sin embargo, extrañan a más de uno que, solo en el último año se lograran cambios porcentuales notorios en los tres ámbitos mencionados, siendo este el último año de su gobierno y analizando el gobierno foxista en retrospectiva, como un cada vez más fuerte candidato Andrés Manuel López Obrador se afianzaba cada vez más en el corazón de la gente y en la mayoría de las boletas electorales de ese año en el que, por primera vez en la historia la derecha perdería el país a manos del que sería, al día de hoy, el mejor presidente del país, mencionado esto por todas las cuentas y los resultados que se han entregado a la nación.

Queda claro que las políticas sociales del gobierno Foxista no se lograron sostener a la baja, y dos años más tarde los números, los indicadores y las condiciones de vida de los habitantes de este país, regresaron a sus niveles previos a la elección tan cuestionada del 2006. Es necesario no ignorar la crisis de ese año en el mundo, como también es necesario reiterar que las políticas sociales en ambos gobiernos no fueron, ni cercanas, a lo que la gente esperaba, motivo por el cual en el año 2012 se entregó la presidencia de la república al que se autodenominaba el nuevo PRI.

Gráfica 13 Porcentaje de la población en situación de pobreza en México.

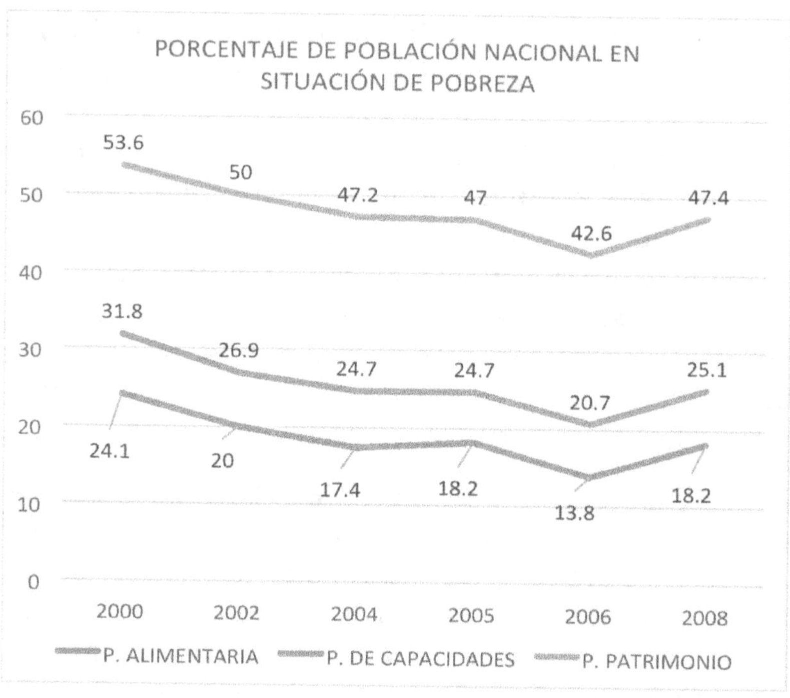

Fuente; elaboración propia con datos de CONEVAL 2000, 2002, 2004, 2006, 2008, 2010, 2012, 2014, 2016, 2018, 2020.

Por otra parte, al llegar a la presidencia de la república el michoacano Felipe Calderón, que pasó por el gobierno como un genocida y un estadista de las causas bélicas, sus indicadores en cuanto a la pobreza y pobreza extrema fueron casi inexistentes, pues su gestión únicamente logró disminuir, en menos de dos puntos la pobreza extrema, pero aumentando por su parte la pobreza simple en varios puntos porcentuales. Sin pena ni gloria para el segundo presidente del partido blanquiazul, que prometió un cambio y solo fue más que a ser lo mismo, pero con otro nombre.

Por su parte, el candidato de los medios, el folclor y la inocencia telenovelesca, logró resultados dignos del olvido, pues mientras que en la medición de la pobreza logró una disminución de 3.6% pasando del 45.5% a 41.9%, reduciendo el número de pobres de manera poco significativa. Por su parte, en cuanto a la pobreza extrema se refiere, esta disminuyó únicamente en un 2.4% el número de habitantes que en más de tres indicadores presentaban carencias. Es decir; redujo el porcentaje de 9.8% a 7.4%, logrando, en sus seis años de gobierno, sacar de la pobreza extrema aproximadamente a 700 000 personas, poco más de cien mil habitantes por año. Un logro, sin duda, que quedará en los registros y en las estadísticas como resultado de un presidente de la república que, si se permite la analogía, ni sembró, ni regó, ni cuidó, de sus programas sociales, pero sí al finalizar el sexenio, y con ayuda de muchos otros factores, logró, cosa increíble incluso para él mismo, resultados positivos, por muy raquíticos que estos sean.

Hasta la década del 2020 los resultados eran impresentables por parte de los gobiernos neoliberales, muy a pesar de los diferentes programas sociales implementador por ellos. No obstante, la pobreza, la marginación y la exclusión en México se incrementan día a día, lo que a la postre, en este mundo globalizado, podría llevar al país a ser demasiado vulnerable ante cualquier eventualidad (Enríquez, 2011)

El análisis no termina y si bien estarán en tela de juicio,

observados con lupa y sujetos a escrutinio público, por parte de muchos sectores, los resultados a entregar por la primera administración de la izquierda del país, dirigida por el Licenciado Andrés Manuel López Obrador. La última medición publicada el 10 de agosto del 2023 (CONEVAL, 2023) muestra los resultados de una política pública bien implementada, con fundamentos, transparencia y honestidad premia al Gobierno Federal con los mejores resultados que se han entregado por parte de Las dirigencias nacionales que han conducido el país, en estos 25 años del primer cuarto de siglo, a continuación, la gráfica que explica de manera más lúcida lo mencionado.

Gráfica 14 Porcentaje de la población nacional en situación de pobreza y pobreza extrema.

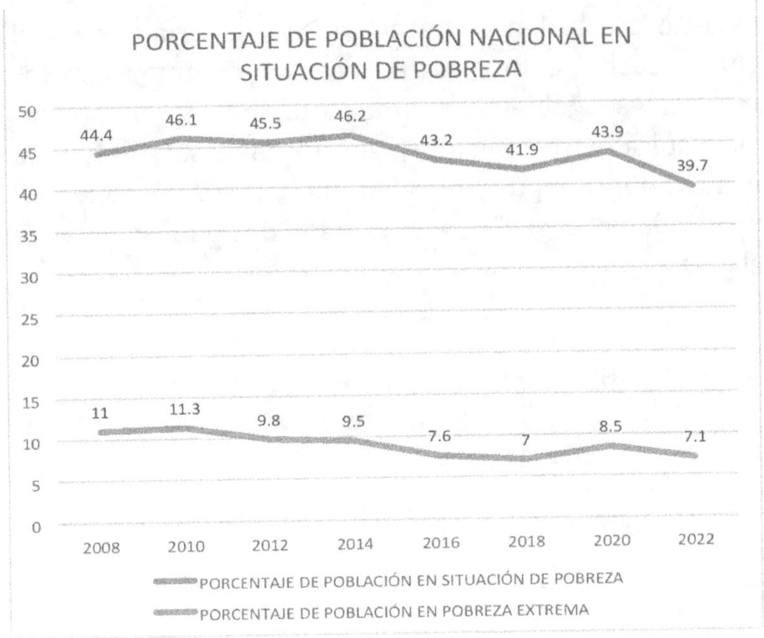

Fuente; elaboración propia con datos de CONEVAL 2008, 2010, 2012, 2014, 2016, 2018, 2020, 2023.

El Gobierno de México encabezado por el presidente Andrés Manuel López Obrador ha entregado a la sociedad los mejores resultados en cuanto a la disminución de la pobreza, un dato del que poco se habla en los medios nacionales y que sin embargo es uno de los mayores logros del gobierno federal en lo que va del presente siglo.

Argumentar que los resultados son producto de las políticas públicas municipales sería una falacia ya que ha quedado demostrado, con datos precisos, que los gobiernos municipales carecen de visión y estrategia para resolver los problemas de su región.

En cuanto a los demás datos motivo de análisis en el presente escrito, es necesario hacer un resumen con los logros del ese gobierno y una comparativa en cuanto a los resultados entregados, por lo cual, se presenta a continuación, la siguiente tabla en la que se sintetiza el comunicado del organismo encargado de medir la pobreza en el país.

Tabla 3 Estimaciones de la pobreza multidimensional 2022

Indicador	2018	2022
Pobreza multidimensional	41.9%	36.3%
Pobreza extrema	7.0%	7.1%
Ingreso inferior a la línea de la pobreza	49.9%	43.5%
Ingreso inferior a la línea de pobreza por ingresos	14.0%	12.1%
Carencia por acceso a los servicios de salud	16.2%	39.1%
Carencia por acceso a la seguridad social	53.5%	50.2%
Carencia por acceso a la alimentación nutritiva y de calidad	22.2%	18.2%

Fuente elaboración propia con datos de (CONEVAL, 2023)

Los resultados deberían hablar por si solos, sin embargo, los medios nacionales, los gobiernos estatales y la oposición observarán, como se dice coloquialmente, el negrito en el arroz, que en esta ocasión se presenta como el derecho a la salud. Si el gobierno federal ha logrado establecer una ruta de bienestar de las personas y ha entregado buenos resultados, ¿Qué sucedería si todos los gobiernos estatales y municipales operaran de la misma manera? ¿Cuáles serían los resultados en favor del país y por lo tanto de la gente? ¿Qué cambios obtendría México si los gobiernos municipales implementaran políticas públicas en favor de la población más vulnerable y no solo de unos cuantos? Quedará para la reflexión en el futuro, y a la sociedad, encargada de juzgar en las urnas cada 6 años, deberá realizar un análisis profundo a la hora de emitir su voto en los años próximos, pues, en cuanto a la entrega de resultados, quedó claro, quien ha cosechado los mejores números en cuanto a política social se refiere.

Llegado el punto de análisis municipal, estatal y nacional, en lo que concierne a las cifras de la pobreza en sus diferentes modalidades, preciso es sacar conclusiones respecto a cada uno de los temas abordados y encontrar soluciones a un problema que pertenece a toda una nación, por no pecar de atrevimiento y mencionar que, a todo el mundo, claro, partiendo desde el trabajo municipal.

XV CONCLUSIONES

El problema, entonces, con respecto al origen, promoción y disminución de la pobreza se encuentra, espero no pecar de simplista y ser tachado de reduccionista al tratar de arrojar luz sobre un aspecto poco explorado, el servicio municipal, dicho esto entonces y con base en los resultados entregados a lo largo del presente análisis concluimos.

Los gobiernos nacionales, con excepción del periodo 2018-2024, poco preocupados por la situación de la pobreza en cada una de sus diferentes regiones, cada una con sus particularidades, sus orígenes, sus causas y sus consecuencias, así como con sus opciones para erradicarla, han fallado en hacerle frente a esta problemática nacional. No es exagerado decir que, en 25 años de vida pública en el país, con tres partidos políticos al frente de la presidencia de la república, con 6 gobernadores en promedio por estado, así como entre 8 y 10 gobiernos municipales en cada uno de los municipios y delegaciones, con la cantidad de regidores, síndicos, secretarios contralores, directores y demás personal, ya sea de confianza o sindicalizado, los resultados siguen siendo pues desastrosos, aberrantes e incluso penosos.

Las causas son muchas, los responsables más, reducidos al análisis del municipio de Irimbo, que ocupo la mayoría de la tinta de este estudio, los presidentes municipales, con excepción de unos cuantos que no representar ni la mitad de los 8 ediles que han gobernado, han tomado decisiones pensando solo en ellos mismo, en su futuro y en su economía, dejando de lado a la enorme cantidad de habitantes sumidos en la miseria y la desesperación, siendo orillados, estos últimos, a tomar medidas alternativas difíciles para la mayoría de las familias, con consecuencias catastróficas en muchas ocasiones para el bien del país.

Es, entonces, importante reconocer que, si bien el gobierno federal y estatal tienen mucha responsabilidad en las condiciones actuales en las que se encuentra nuestro país, es de mayor veracidad afirmar que, una gran parte de culpa deben aceptarla y asumirla como propia, los ediles municipales, pues, en su falta de visión, y en la ausencia de planes apropiados para lograr un desarrollo adecuado de su municipio, han dejado olvidado el destino de la gente por la cual lucharon, muchos de ellos gran parte de su vida, algunos otros solo en el periodo de campaña. Las decisiones y las políticas públicas diseñadas por parte de los servidores públicos municipales han quedado a deber a la población.

Espero ser muy criticado y señalado por parte de mis conciudadanos, por expertos en el tema y sobre todo por los ediles que no han entregado buenos resultados, todos ellos del partido más viejo de nuestro país, a los cuales, he demostrado con números que, su desempeño como servidores públicos, desde presidentes municipales, regidores y hasta directores de área en los ayuntamiento, siendo el presidente municipal el principal responsable de la situación, pues hasta el momento sigue siendo el comarca con el que hay que quedar bien en lugar del primer servidor del pueblo y por lo tanto el primer criticado por los buenos o malos resultados del ayuntamiento.

Espero que las críticas lleguen como tormenta de verano y que dentro de los argumentos que utilicen, mencionen que es el estado quien tiene los recursos, que es el país quien destina el presupuesto, que el ayuntamiento pocos recursos tiene para el combate a la pobreza, que los recursos son insuficientes, que ellos hicieron un excelente trabajo, que se construyeron muchas carreteras, obras públicas, entre muchos más argumentos que se pueden utilizar para defender, lo que los números y los resultados, no lograron por si solos demostrar, los cual refleja la certeza o desacierto de sus acciones.

Son los ayuntamientos pues, los que más pueden hacer por sus vecinos un mejor trabajo, ya que al ser ellos los que conocen el territorio, las necesidades y las posibles soluciones. Conocen a la gente, al pueblo, conocen cada una de las regiones, o al menos deben hacerlo. Deben haber estudiado cuales fueron las acciones que le dieron buenos resultados a sus presidentes municipales de antaño. De la misma manera las acciones erradas por sus presidentes pasados deben estar en la mesa de análisis y de la planeación de los futuros gobiernos.

Los servidores públicos electos por voto popular deberán haber diseñado, antes de su gobierno, un plan de trabajo basado en acciones y resultados que permitan a cada uno de los ciudadanos tener o aspirar a mejores condiciones de vida. Las campañas municipales llenas de falsas promesas y ataques a los contrincantes de otros partidos, deben estar enfocadas en escuchar al pueblo y diseñar, en conjunto con todo el equipo de trabajo, las acciones necesarias dignas de un pueblo que aspira a dejar atrás años de abandono y olvido de sus gobernantes.

Los ayuntamientos pues, son los responsables de que las cosas cambien para bien o para mal, ya que año con año obtienen ingresos suficientes para el diseño de las políticas públicas cercanas a la gente y de primer orden, sin embargo, las cosas hasta la fecha han sido totalmente diferentes.

Una de las tareas más importantes, si no es que la más importante, es eliminar la corrupción, hacer públicas las listas de los empleados ocultos, actuar con honradez, con principio, ver a la cara a la gente y trabajar en para erradicar sus necesidades. El gasto público deberá ser, tal como lo marca la ley orgánica de cada estado, vigilado por todo el cabildo y no solo por unos cuantos, en ocasiones por nadie. Es necesario un ejercicio de transparencia plena y absoluta donde se informe realmente a la ciudadanía el costo de cada una de las acciones que se realizan en beneficio de los ciudadanos. La rendición de cuentas deberá ser continua, paulatina, real y transparente, donde los recursos públicos presuman ese mote, porque sea la gente quien los maneje, tal como el programa de la escuela es nuestra del actual gobierno federal donde un comité de ciudadanos recibe una cantidad determinada de dinero, lo ejecuta, lo administran y lo comprueban. En la mayoría de los casos, con absoluta transparencia.

Es una realidad que existen reglas al interior de los ayuntamientos que exigen ciertos requisitos para la entrega de dinero cuando se realizan obras públicas, sin embargo, el ayuntamiento es libre de promulgar otras tanteas leyes en beneficio de sus ciudadanos, e incluso de presentar ante el congreso del estado las nuevas leyes que consideren necesarias para el pleno ejercicio de su servicio al municipio y por consiguiente, para entregar resultados palpables a la ciudadanía, que los sienta la gente, que sean ellos quienes hablen, promuevan, exijan y aplaudan las obras del gobierno y evitar en la medida de todas las posibilidades los informes de gobierno llenos de derroche y adulación en los que los ediles, presentados como estrellas de televisión, evitan el dialogo y la confrontación para nutrir su ego con aplausos comprados por la gente que, en su mayoría, acude más por la comida que les van a entregar que por agradecimiento al presidente municipal.

Nuevamente, es en el ayuntamiento municipal donde se deben trazar los planes de trabajo en beneficio de las minorías. Los trajes de las personas deben hacerse en casa, ya que si esperemos que todo venga del gobierno federal es muy probable que algunos programas sociales no den los resultados esperados desde Palacio Nacional por la diferencia de costumbres, de ingreso, de trabajos o por las diferentes necesidades de la gente.

Que proponga esta opción no significa que no sirvan este tipo de apoyos, pues ha quedado demostrado que la pensión a los adultos mayores, el apoyo a las personas con discapacidad, entre algunos otros, han sido unos excelentes paliativos para atender la seguridad social que tan necesaria es en nuestro país. El argumento que se sostiene dice que, es en el ayuntamiento donde se deben formular los programas sociales y las políticas públicas exitosas para sacar de la pobreza a estos miles de personas con carencias sociales que sufren en carne propia, y sin saber porque, los errores cometidos en los gobiernos municipales.

Por ejemplo, ¿Qué ha sucedido con los miles de peces que han vertido los funcionarios públicos en la laguna de Irimbo? ¿Cuánta gente se ha beneficiado? ¿Qué recursos han obtenido de esta práctica de poner peces de estanque en una laguna contaminada? Ejemplos como esos hay muchos.

El municipio de Irimbo, así como todos los municipios y delegaciones del país tienen características propias, fuentes de empleo, costumbres y necesidades diferentes. Ejemplo de ello es el municipio motivo de análisis, tienen tres tenencias más la cabecera municipal. Ninguna de ellas comparte la misma actividad económica, todas hacer diferentes actividades productivas. Desde la elaboración de caja en San Francisco Epungio, la elaboración de muebles en Irimbo, la transformación de la arcilla en Tzintzingareo y la agricultura en San Lorenzo Queréndaro. Que existen los apoyos para todo tipo de negocios, como el programa del estado vende más del gobierno pasado o jóvenes construyendo el futuro, que benefician a todo tipo de empresas y que ayudan bastante. Es una realidad que hace falta más por hacer.

Corresponde entonces a los futuros ayuntamientos municipales, de Irimbo y de todo el país ejercer el presupuesto público con transparencia y honradez. Pero también corresponde a los servidores públicos el diseño de políticas públicas efectivo y real que impacte de buena medida contra las cifras mostradas anteriormente.

La elaboración de planes de trabajo en conjunto con sus ciudadanos y el personal de confianza deberá estar enfocado en disminuir cada una de las cifras presentadas, así como de las que puedan tomarse en consideración. Los planes de trabajo deberán realizarse con visión a largo plazo, pero con evaluaciones continuas para determinar el crecimiento mensual, bimensual, semestral y anual. Siempre de cara a la gente y con los números en las manos. Así, los habitantes, en lugar de aplaudir obras fantasmas, videos exageradamente caros o resultados a medias, criticarían con las pruebas, que deberían ser públicas, el desempeño del gobierno.

Los ayuntamientos hacen evaluaciones de sus diferentes departamentos hasta días antes de que se realzará su informe de gobierno, entre los meses de julio y agosto se encuentra a todo el personal trabajando en obtener información de fuentes externas, porque muchos departamentos no hacen un trabajo real o no llevan un registro de ello. Así, será necesario un ayuntamiento completo, que se enfoque en todas las áreas del crecimiento humano y no únicamente en el departamento de obras públicas y el control del combustible.

Para finalizar, se han presentado los resultados del trabajo municipal durante 25 años de gobierno, con 8 ayuntamientos diferentes, más el que acaba de iniciar en el 2025. Con todos los partidos gobernando, o al menos los principales, y con presidentes de una innumerable cantidad de profesiones. Los resultados, salvo sus contadas ocasiones, pues pocos se salvan a la crítica y sus resultados los avalan, sin embargo, la mayoría siguen siendo iguales e incluso peores. Es hora de que los ayuntamientos del país tomen el futuro en sus manos y cambien la realidad del país desde lo municipal. Es momento que los ayuntamientos dejen de ser agujeros negros que desaparecen al interior de sus gestiones cantidades exorbitantes de dinero que debería ser usado en beneficio del pueblo.

Es desde los ayuntamientos, antes desde las comunidades,

tenencias y rancherías donde se debe trabajar en beneficio de los que menos tienen, de sus vecinos en situación de calle, de los niños en orfandad, de los que no tienen que comer, de los carentes de vivienda, de todos y cada uno de los habitantes de las regiones del país, pues es aquí donde los resultados son visibles a corto plazo y donde se pueden modificar las acciones de manera inmediata.

¡Es en los municipios donde se puede,
y debe, cambiar al país!

EPÍLOGO

Como si hiciera falta calificar el gobierno del presidente Andrés Manuel López Obrador con un número, los organismos nacionales aparecieron a casi un año de la despedida para anunciar al mundo que en nuestro país habían salido 13.4 millones de personas de la pobreza fruto de las políticas públicas que el llamado gobierno de la 4T implementó durante su sexenio.

Muchos de los gobiernos estatales y un número mucho mayor de gobiernos municipales presumirán en sus informes de gobierno que fueron ellos los que lograron estos históricos resultados. Las políticas públicas, el aumento al salario mínimo y los programas sociales golpearon duro a la pobreza y, al menos es este sexenio, fue disminuida drásticamente.

Un análisis aun mayor deberá realizarse en cada uno de los estados y municipio para determinar las acciones necesarias para que en la siguiente medición nacional los números continúen con esa tendencia, falta mucho por hacer y los gobiernos municipales deberán ser la pólvora que detone la inminente explosión de estado mexicano con miras a la grandeza.

BIBLIOGRAFÍA

Abigail, B. O. Quintero Soto, M. L. & Hernández Espitia, A. L. (2011). Evolución del concepto de pobreza y su enfoque multidimensional para su estudio. *Quivera*, 207-219.

Benhumea González, L. E. (2019). El pacto por México: una reflexión sobre el sistema precario de salud mexicano. *SAPIENTIAE: Revista de Ciencias Sociales, Humanas e Engenharias*.

Boltvinik, J. (1997). diversas visiones sobre la pobreza en México. Factores Determinantes. *Política y cultura*, 115-135.

CONEVAL. (2000). *Población total, indicadores, índice y grado de rezago social según entidad federativa*. CD. MEXICO: CONVENAL.

CONEVAL. (2005). *Población total, pobreza por ingresos, indicadores, índice y grado de rezago social según municipio*. CD. MEXICO: CONEVAL.

CONEVAL. (2018). *Medición de la pobreza en los Estados Unidos Mexicanos 2008-2018*. CD. MÉXICO: CONEVAL.

CONEVAL. (2020). *Medición multidimensional de la pobreza; contenido de cuadros y gráficas.*. CD. MÉXICO: CONEVAL. CONEVAL. (14 de Agosto de 2023). *CONEVAL.* Obtenido de CONEVAL:

https://www.coneval.org.mx/SalaPrensa/ Comunicadosprensa/Docum ents/Lineas_de_pobreza.pdf

CONEVAL. (2023). *EL CONEVAL PRESENTA LAS ESTIMACIONES DE POBREZA MULTIDIMENSIONAL 2022*. CD. DE MÉXICO: CONEVAL.

CONEVAL. (2005). *Pobreza por ingresos y errores estándares 2000 y 2005*. CD. MÉXICO: CONEVAL.

CONEVAL. (2010). *Medición de la pobreza Estados Unidos Mexicanos 2010*. CD. MÉXICO: CONEVAL.

Delors, o. J. (1996). *La educación encierra un tesoro*. Paris: UNESCO.

Díaz Carreño, M. Á., & Herrera Rendon-Nebel, M. T. (2022). Pobreza en los estados de México 2008-2020. Un análisis bajo el enfoque de capabilidades. *Paradigma Económico*, 159-179.

Enríquez, H. M. (2011). El concepto de pobreza y su evolución en la política social del gobierno mexicano. *Revista de estudios sociales*, 222-251.

Galindo, J. O., & Ríos Bolívar, H. (2013). La pobreza en México, un análisis con enfoque multidimensional. *revista de análisis económico*, 189218.

GOBIERNO DE MÉXICO. (03 de 06 de 2010). Diario Oficial de la Federación. *Diario Oficial de la Federación*, pág. 3.

Gobierno de México. (04 de Julio de 2023). *Gobierno de México*. Obtenido de Gobierno de México:https://www.gob.mx/profedet/articulos/seguridad-social

GOBIERNO DE MICHOACÁN. (2023). *DIARIO OFICIAL DEL ESTADO DE MICHOACÁN*. MORELIA: DIARIO OFICIAL DEL ESTADO DE MICHOACÁN.

Gómez Dantés, O., Sesma, S., Becerril, V., Knaul, F., Arreola, H., & Frenk, J. (2011). Sistema de salud en México. *Salud pública en México*, 220232.

H. AYUNTAMIENTO CONSTITUCIONAL DE IRIMBO MICHOACÁN. (10 de Marzo de 2022). Plan municipal de desarrollo del municipio de Irimbo. 2021-2024. *Periódico Oficial del gobierno Constitucional del Estado de Michoacán de Ocampo.*, pág. 14.

H. Ayuntamiento de Irimbo. (2022). *Primer informe de gobierno*. Irimbo Michoacán.: H. AYUNTAMIENTO DE IRIMBO.

H. Ayuntamiento de Irimbo. (2023). *Segundo informe de gobierno*. Irimbo, Michoacán: independiente.

INEGI. (2005). *Encuesta intercensal 2005*. CD. MÉXICO: INEGI.

INEGI. (2000). *Censo de población y vivienda*. Cd. México: INEGI.

INEGI. (2010). *CENSO DE POBLACION Y VIVIENDA*. CD. MÉXICO: INEGI.INEGI. (2015). *Principales resultados de la encuesta intercensal*. Michoacán de Ocampo: INEGI.

INEGI. (2020). *Censo de población y vivienda 2020*. CD. MÉXICO: INEGI.

INEGI. (2020). *Censo de población y vivienda 2020*. CD. MÉXICO: INEGI.

Navarro, & Ortega, V. (2018). *Pobreza en Michoacán*. Cd. México: Plaza y Valdez.

Pardo, L., & M, C. (2007). Concepto y medición de la pobreza. *revista cubana de salud pública*.

Paz, O. (1984). *El laberinto de la soledad*. México DF: Fondo de cultura económica.

Ramírez, R., & Isauro, J. (2008). Distribución de la población y crecimiento urbano en México. *Revista de análisis económico*, 201-218.

Ríos Bolívar, H., & Ortiz Galindo, J. (2013). La pobreza en México, un análisis con enfoque multidimensional. *Revista de análisis económico*, 189218.

Tuirán, R. (1998). La situación demográfica en México. *Papeles de población*, 17-38.

La 4t desde el ámbito municipal: diagnóstico de las políticas públicas y el combate a la pobreza en Irimbo Michoacán de Ricardo Ruiz Zamudio, se terminó de imprimir en julio del 2025.

www.ingramcontent.com/pod-product-compliance
Lightning Source LLC
Chambersburg PA
CBHW050824260726
48660CB00004B/1599